# A Proclamação da República

Celso Castro

# A Proclamação da República

ZAHAR

Jorge Zahar Editor Ltda.
rua Marquês de S. Vicente 99 – 1º | 22451-041 Rio de Janeiro, RJ
tel (21) 2529-4750 | fax (21) 2529-4787
editora@zahar.com.br | www.zahar.com.br

Capa: Carol Sá e Sérgio Campante
Ilustração da capa: "A Revolução Brasileira",
desenho de Bellenger
Vinheta da coleção: ilustração de Debret

Composição eletrônica: TopTextos Edições Gráficas Ltda.

CIP-Brasil. Catalogação-na-fonte
Sindicato Nacional dos Editores de Livros, RJ.

Castro, Celso
C35p A Proclamação da República / Celso Castro. — Rio de Janeiro: Zahar, 2000.
: il. — (Descobrindo o Brasil)

Inclui bibliografia
ISBN 978-85-7110-534-8

1. Brasil – História – Proclamação da República, 1889.
2. Brasil – História – 1889–. I. Título. II. Série.

CDD: 981.05
99-1617 CDU: 981"1889"

# Sumário

*Créditos das ilustrações*

1. Foto da Escola Militar. Coleção Marc Ferrez (gentilmente cedida por Gilberto Ferrez)

2. Fotos de Benjamin Constant. Fundação Getulio Vargas/CPDOC (Arquivo Horta Barbosa)

3. Pacto de Sangue. Ata da sessão do Clube Militar de 9.11.1889. Coleção de Pactos de Sangue e mensagens recebidos por Benjamin Constant (reproduzido no Gabinete Fotocartográfico do Ministério da Guerra, 1939)

4. "A Revolução Brasileira" (desenho). Fundação Getulio Vargas/CPDOC (Arquivo Quintino Bocaiúva)

# Introdução

O 15 de Novembro é hoje um dos feriados nacionais menos evocativos. Não há um herói a ser lembrado, como Tiradentes no 21 de Abril, nem paradas militares ou desfiles de estudantes, como no 7 de Setembro. Nem mesmo uma imagem consagrada, como a da forca, ou um grito, como o do Ipiranga: apenas uma "proclamação", um anúncio público de que a Monarquia havia sido substituída pela República. Sem luta, sem sangue, sem mortes. Para os que na época defendiam os republicanos, prova cabal de que o Império já estava há muito com os dias contados e que a nova forma de governo amadurecera no espírito do povo brasileiro. Para os monarquistas, a Proclamação fora apenas uma quartelada que inseria o Brasil no triste quadro das outras nações sul-americanas, marcadas por inúmeros *pronunciamientos* militares. Na expressão de Aristides Lobo, um jornalista republicano da época, tratara-se de um evento ao qual a maioria da população assistira "*bestializada*, atônita, surpresa, sem saber o que significava."

O fácil sucesso do golpe republicano coloca algumas armadilhas à nossa percepção histórica do evento. Poderíamos imaginar que a República era inevitável, uma etapa necessária da "evolução" da sociedade brasileira. Também seria fácil pensar que os principais protagonistas do movimento — na linguagem da época, a "classe militar" — atuaram de forma unida e coesa. Se assim tivesse sido, seria fácil explicar a falta de reação por parte do governo e o modo indiferente com que a maioria da população assistiu aos acontecimentos.

Não é essa a história que se contará neste livro. Para termos um quadro mais preciso do que se passou em 15 de novembro de 1889, é preciso, em primeiro lugar, recuperar o grau de risco político envolvido no empreendimento. Não havia certeza quanto aos resultados do golpe de Estado, principalmente porque não havia unidade entre os militares. De fato, apenas uma pequena fração do Exército, e com características muito específicas, esteve envolvida na conspiração republicana.

O golpe de 1889 — ou a "Proclamação da República", como passou à história — foi um momento-chave no surgimento dos militares como protagonistas no cenário político brasileiro. A República então "proclamada" sempre esteve, em alguma medida, marcada por esse sinal de nascença (ou, para muitos, pecado original). Havia muitos republicanos civis no final do Império, mas eles estiveram praticamente ausentes da conspiração. O golpe republicano foi militar, em sua organização e execução. No entanto, foi fruto da ação de apenas *alguns* militares. Quase não houve participação da Marinha, nem de indivíduos na base da hierarquia militar (as "praças", como os soldados ou sargentos). Mesmo em relação ao Exército, também estiveram ausentes oficiais situados no topo da hierarquia. Dentre os generais, apenas Deodoro esteve presente. Os oficiais superiores podiam ser contados nos dedos, e o que mais se destacou entre eles não exercia posição de comando de tropa: trata-se do tenente-coronel Benjamin Constant, professor de matemática na Escola Militar.

Quem foram, então, os militares que conspiraram pela República e se dirigiram ao Campo de Santana na manhã do dia 15 de novembro de 1889 dispostos a derrubar o Império? Basicamente, um conjunto de oficiais de patentes inferiores do Exército (alferes-alunos, tenentes e capitães) que possuía educação superior ou "científica" obtida durante o curso da Escola Militar, então localizada na Praia Vermelha, Rio de Janeiro. Na linguagem da época, eles eram a "mocidade militar".

Minha versão dos acontecimentos difere em pontos importantes das opiniões disponíveis na bibliografia histórica sobre o tema. Em algumas versões, Deodoro aparece unindo simbolicamente todo o Exército, outras vezes representando apenas os oficiais mais ligados à tropa, chamados de "tarimbeiros", geralmente sem estudos superiores e que constituíam a maior parte da oficialidade. Minha visão de Deodoro, como veremos adiante, é a de um chefe militar levado ao confronto com o governo, motivado pelo que imaginava ser a defesa da "honra" do Exército e por algumas particularidades da política do Rio Grande do Sul, que havia chefiado há pouco; não por convicções republicanas. Pouco antes do golpe, reuniu-se em torno de Deodoro um grupo muito pequeno de oficiais de patentes médias.

Todas as fontes disponíveis destacam a liderança que Benjamin Constant, por ter sido durante muitos anos seu professor de matemática, exercia sobre a "mocidade militar" formada na Escola Militar da Praia Vermelha. Ele seria o "mestre", "líder", "catequizador" ou "apóstolo" desses militares. Para vários autores, principalmente os vinculados à tradição positivista, Benjamin e seus jovens liderados teriam sido o principal elemento na conspiração. Minha perspectiva, no entanto, focaliza não o "líder" ou "mestre", mas seus pretensos "liderados" ou "discípulos". Ao invés de assistirmos a Benjamin Constant catequizando os jovens da Escola Militar, encontraremos justamente a "mocidade militar" seduzindo-o e convertendo-o para o ideal republicano. Atribuo à "mocidade militar", portanto, o papel de protagonista da conspiração republicana no interior do Exército.

As perguntas que tentaremos responder a seguir são: quem eram esses militares? Por que se envolveram numa conspiração republicana? Como o movimento se desenvolveu e levou ao golpe que pôs fim ao Império?

## A "mocidade militar"

Benjamin Constant recebeu, nos dias que antecederam ao golpe, seis abaixo-assinados secretos que posteriormente ficaram conhecidos como "pactos de sangue", pois lhe garantiam solidariedade incondicional até a morte em sua atuação como representante da "classe militar" contra o governo. Um exame dos 173 signatários desses documentos permite-nos ter uma boa noção de quem eram seus "liderados". Há entre eles apenas dois oficiais superiores, em meio a 13 capitães, 37 tenentes, 120 alunos de escolas militares (incluindo alferes-alunos) e um cuja patente não foi possível identificar. Ou seja, a maioria de militares em início de carreira é esmagadora. Examinando as unidades a que eles pertenciam, temos 110 alunos da Escola Militar da Praia Vermelha ou da Escola Superior de Guerra (um desdobramento da anterior, criada em 1889) e 48 da 2ª Brigada do Exército, além de 14 não especificados. As duas escolas de formação de oficiais respondem, dessa forma, por aproximadamente 2/3 do total, e a 2ª Brigada, com quase todos os oficiais tendo sido formados na Escola Militar, pelo terço restante. Desse modo, praticamente a totalidade dos que assinaram os "pactos de sangue" é composta de militares que ainda estudavam nas duas escolas superiores de formação de oficiais do Exército e oficiais das patentes inferiores (tenentes e capitães), recém-egressos dessas escolas militares.

Consegui estabelecer alguns dados biográficos para uma parte dos assinantes desses "pactos de sangue". É marcante a predominância de pessoas oriundas das províncias do Norte do país (da Bahia ao Amazonas), excetuando-se uma representação significativa (talvez entre 15% e 20%) de alunos naturais do Rio Grande do Sul. Além disso, podemos ver que o membro típico da "mocidade militar" tinha menos de 30 anos ao ser proclamada a República e estudou na Escola Militar da Praia Vermelha no período posterior a 1874 (quando a Escola foi reaberta após ter estado fechada durante a Guerra do Paraguai). Muitos ainda eram alunos em 1889; se já fossem tenentes, teriam sido promovidos pouco antes. É portanto fundamental, para compreendermos a formação desses jovens, conhecer sua experiência na Escola Militar da Praia Vermelha.

Para a maioria dos estudantes militares, que vinha das províncias menos desenvolvidas do país, chegar à Corte pela primeira vez implicava não apenas um deslocamento espacial, mas principalmente *cultural*. Ocorria o contato com um tempo social distinto: mais "moderno", "adiantado" e "veloz", a fazer contraste com um tempo mais "lento" e "atrasado", quase ainda colonial, das províncias. Através das cartas que o aluno José Bevilaqua, de 16 anos, enviou à família, em uma pequena cidade do Ceará, logo após chegar ao Rio em 1879, podemos ver o quanto a cidade fascinava muitos de sua geração. Suas primeiras impressões na Corte são de deslumbramento. Contou da primeira vez que andou de bonde, que foi ao teatro e do fonógrafo, uma "máquina que fala", "invenção maravilhosa" que conhecera ao passear pela rua do Ouvidor, rua da moda e coração da cidade. Ele sintetiza assim o novo mundo que descobria: "O Rio de Janeiro é o Brasil e a rua do Ouvidor é o Rio de Janeiro. Tudo aqui é muito bonito." A preferência é clara: o Brasil passa a ter no Rio de Janeiro — ou melhor, na rua do Ouvidor — seu espelho, e a estar mais próximo da Europa que dos sertões.

Afastados da terra natal, ao ingressar na Escola Militar esses jovens passavam a ter como grupo básico de referência não mais suas famílias e sim os outros alunos, entre os quais se desenvolvia intensa convivência cotidiana. O início era difícil. O novato precisava sofrer com resignação o rito dos trotes, durante os quais era sistematicamente submetido a situações humilhantes. A submissão, no entanto, aproximava-o dos alunos veteranos, principais responsáveis pela socialização dos novos alunos no ambiente cultural da Praia Vermelha.

Havia uma marcante concentração de interações dentro do próprio grupo de alunos, reforçando seu espírito-de-corpo. É notável, em seus relatos, a palidez da imagem que os alunos guardam de seus professores e comandantes, em contraste com a vívida lembrança da interação com colegas. Afastados de suas famílias por muitos anos e desde cedo, tinham em seus pares o grupo fundamental.

As interações com colegas nos trotes, nos momentos de lazer, nos alojamentos e em diversas associações recreativas e literárias criadas e mantidas pelos próprios alunos contribuíam em grande parte para a construção da identidade social dos jovens formados na Praia Vermelha. Outros dois poderosos elementos de coesão social eram a mentalidade "cientificista" predominante na cultura escolar e a importância dada ao mérito pessoal. Esses elementos culturais orientaram a ação política que levou ao fim da monarquia e à instauração de um regime republicano no Brasil.

A supervalorização da ciência, ou "cientificismo", expressava-se na própria maneira pela qual os alunos se referiam informalmente à Escola — "Tabernáculo da Ciência" —, deixando desde logo evidente a alta estima que tinham pelo estudo das ciências. É importante observar que a Escola Militar foi durante muito tempo a única escola de engenharia do Império. Ela era conhecida por seu alto grau de exigência, especialmente devido ao forte ensino de matemática, e os estudos teóricos mereciam maior atenção do que os estudos práticos. Havia uma clara superioridade no currículo do estudo das armas chamadas "científicas" (artilharia e engenharia) sobre os estudos de infantaria e cavalaria, que correspondiam aos anos iniciais do curso. Basta dizer que os alunos que seguiam o curso superior completo, de cinco anos, recebiam o título de "bacharel em matemáticas e ciências físicas".

Dessa forma, era enorme o fosso entre os oficiais formados na Escola Militar e o restante (a maioria) da oficialidade do Exército, sem estudos superiores, mais ligados à vida na caserna, com a tropa. O curso na Escola Militar não era obrigatório para o ingresso no oficialato e a ascensão hierárquica. De fato, a carreira militar não oferecia vantagens ou boas oportunidades para os jovens "científicos". Na falta de perspectivas consideradas atraentes para a ascensão profissional dentro do Exército, eles passavam a interessar-se menos pela profissão militar (muitas vezes a falta de vocação era assumida desde o início) e mais por seu pertencimento à elite intelectual da sociedade brasileira. Era com os membros dessa elite que disputavam, social e simbolicamente, espaço e poder.

Durante todo o Império, foi clara a hegemonia dos bacharéis em direito no interior da elite. Enquanto o status social dos militares era baixo, os jovens bacharéis em direito tinham caminho aberto para cargos e funções públicas em todos os quadros administrativos e políticos do país. Os jovens "científicos" do Exército tinham que lutar para situar-se melhor dentro de uma sociedade dominada pelos bacharéis em direito.

Nos escritos dos jovens militares "científicos" da época, a oposição aos bacharéis em direito aparece claramente. A falta de elementos "científicos" é apontada como o principal defeito da formação dos bacharéis em direito. Euclides da Cunha, por exemplo, então um jovem aluno de 20 anos, critica em um artigo o "triste quadro das nossas academias de direito, onde estuda-se a sociedade sem as noções das mais simples leis naturais". O estudo das ciências, e em especial da matemática, era um poderoso elemento simbólico de diferenciação para os estudantes militares da época, um elemento constitutivo de sua identidade social.

A mentalidade cientificista predominante nas décadas finais do século XIX via o mundo social como redutível ao plano dos fenômenos físicos e naturais. Através da incorporação da história à natureza, principalmente através da noção de *evolução*, os distintos valores morais, políticos e filosóficos eram vistos como manifestações dos diferentes estágios pelos quais passava a humanidade. Essa visão alimentava um sentimento de superioridade intelectual por parte dos cientificistas, que se consideravam produtos, naturalmente, do estágio mais "adiantado" do desenvolvimento humano.

O tipo intelectual característico do cientificismo imperou na segunda metade do século XIX, encarnado em diversas tendências intelectuais: materialismo, positivismo, darwinismo, evolucionismo, monismo. Todos procuravam descobrir a lei que rege o progresso, que determina a evolução. Com o positivismo de Comte, por exemplo, ela tomaria a forma da lei dos três estados — teológico, metafísico e positivo —, que explicaria toda a história e desembocaria na constituição de uma religião, a da Humanidade. Com Darwin e Haeckel, essa lei seria a da luta pela vida e da sobrevivência dos mais aptos. Com Spencer, a lei apareceria sob a forma da evolução do homogêneo para o heterogêneo, da crescente diferenciação. Aplicadas à realidade brasileira, essas diferentes doutrinas cientificistas apontavam num único sentido: a identidade entre o nacional e o universal. Desse modo, a situação histórica específica do Brasil era pensada como uma etapa de um percurso já realizado pelas nações "mais adiantadas". Para o cientificista, cumpria, pois, apressar a marcha do progresso do país, de forma a que ele passasse a tomar parte, ativamente, na história universal.

Os escritos dos alunos da Escola Militar revelam um ambiente intelectual diversificado. Contrariando uma versão comum em nossa historiografia, os positivistas ortodoxos, filiados à Igreja Positivista, nunca formaram um grupo significativo entre os alunos. O cientificismo predominante era uma mistura eclética de diversas doutrinas — positivismo, evolucionismo, monismo —, e o mais importante para os jovens "científicos" era seu o espírito geral. As diferenças entre os autores eram minimizadas pelo que afirmavam em comum: a fé no progresso e na posição de destaque devida à ciência para se atingir uma visão correta da vida social e da política.

Junto ao cientificismo, a valorização do princípio do mérito foi outro elemento presente na base da identidade social da "mocidade militar" que ajudava a orientar sua ação política. O desenvolvimento de valores meritocráticos nos Exércitos profissionais modernos e, especificamente, nas academias militares foi um fenômeno histórico bastante difundido. Idealmente, o poder baseado no parentesco ou na riqueza passava a subordinar-se ao mérito dos indivíduos, aferido no sistema escolar. Na nova elite social que assim deveria surgir, as posições sociais deixariam de ser *atribuídas* por privilégio de nascimento, passando a ser *adquiridas* graças à capacidade individual. A sociedade meritocrática seria aquela onde vigoraria plenamente esse princípio. É claro que há uma enorme distância entre a afirmação ideológica do princípio do mérito e seu funcionamento efetivo. Mas o que importa neste momento é perceber a crença inabalável que os jovens militares "científicos" tinham no mérito como princípio de ordenação da sociedade.

A introdução no Exército brasileiro, a partir de 1850, de mecanismos baseados no merecimento para a progressão na carreira pode ser considerada um marco fundamental do processo de diferenciação da oficialidade "científica" do Exército em relação à elite civil e, dentro do Exército, à maioria de oficiais sem estudos superiores e de perfil mais *troupier*, isto é, ligados à tropa, em sua maior parte pertencentes à infantaria e à cavalaria. Apesar disso, os oficiais das "armas científicas" não se tornaram profissionalmente privilegiados. Muito pelo contrário. A valorização da performance acadêmica não acarretou, por exemplo, uma ampliação significativa de unidades e vagas para funções de comando. Com isso, muitos oficiais "científicos" tiveram de passar longos períodos em funções burocráticas ou dedicar-se ao magistério. Havia, portanto, uma enorme distância entre a afirmação, no curso da Escola Militar, da superioridade do mérito e dos estudos "científicos" e sua efetivação na realidade de um Exército que custava a se modernizar.

As memórias e documentos de ex-alunos da Escola Militar da Praia Vermelha permitem que se veja de forma inequívoca o valor excepcional que atribuíam ao princípio do mérito. Este não tinha, para os alunos, uma existência apenas ideal: materializava-se no título de "alferes-aluno", exclusivo dos alunos da Escola Militar que se destacassem nos dois anos iniciais do curso superior. Esse título, criado em 1840, consagra a primazia dos estudos "científicos". Recebido pelos alunos aprovados plenamente ao final dos anos iniciais do curso (infantes e cavalarianos, portanto, não poderiam ser alferes-alunos), representava um prêmio pelo *desempenho* escolar e, além disso, um aumento substancial nos vencimentos que recebiam. Para muitos, este fator era também importante. Embora não tenhamos muitos dados sobre a origem social dos alunos, parece evidente que a maioria não pertencia à elite econômica do Império. Durante todo o Império, a Escola Militar foi o único estabelecimento de ensino superior efetivamente gratuito (de fato, os alunos ainda recebiam para estudar). Dessa forma, representava uma rara oportunidade de ascensão social para jovens oriundos de famílias mais modestas.

Para além de considerações monetárias, a ascensão por mérito representava um bem simbólico fundamental para a construção da identidade social desses jovens militares. Outra carta de José Bevilaqua, o novato deslumbrado com o Rio de Janeiro que conhecemos há pouco, é bem ilustrativa. Escrevendo em 1884, agora no meio do curso, ele informa orgulhosamente aos pais seu sucesso nos estudos e comunica que por isso estará habilitado a ser nomeado, em breve, alferes-aluno:

> Este posto ... é um prêmio que se dá aos estudantes que são aprovados plenamente nas matérias de dois anos do Curso Superior; ... é uma promoção muito considerada no Exército, visto ser por lei e por estudos, independentemente da vontade do ministro, que no

outro caso promove aos protegidos. [sublinhado no original]

A "mocidade militar" com estudos superiores se sentia vítima, portanto, de uma dupla marginalização: como parte do Exército dentro da ordem monárquica dominada pelos bacharéis em direito e como um grupo de oficiais com estudos "científicos" dentro de um Exército que não se modernizava. O isolamento e o ressentimento daí resultantes possibilitariam o desenvolvimento de características ideológicas distintas e em grande parte contrárias às da elite civil.

A canalização desses elementos culturais em projetos de ação coletivos seguia um caminho específico. Na Escola Militar, a socialização informal que ocorria fora das salas de aula, comandada pelos próprios alunos, foi muito mais importante para a formação da mentalidade característica da "mocidade militar" do que aquilo que se aprendia com os professores. Pelo menos dois indicadores apontam nessa direção. Primeiro, a quantidade muito menor de referências, nas memórias de ex-alunos, aos professores e ao ensino formal do que à socialização informal — trotes, associações de alunos, momentos de lazer. Em segundo lugar, o fato de que muito do que mais intensamente se discutia nas revistas e reuniões dos alunos *não* fazia parte do currículo nem era ensinado pelos professores. Por exemplo, ao discutirem as teorias cientificistas mais modernas, como as de Spencer e Haeckel, os escritos dos alunos nos mostram um ambiente intelectual muito mais heterogêneo e diversificado — muito mais "avançado" — que o de seus mestres.

Os laços horizontais de camaradagem e lealdade entre os alunos materializavam-se também em diversas sociedades científicas, recreativas e literárias mantidas por eles próprios. Se eram permitidas pela direção da Escola, não eram dela originárias nem dela dependiam. Alunos mais adiantados, embora também jovens, desempenhavam, como vimos, um papel ativo na socialização e formação intelectual de outros alunos mais novos. Estes, muitas vezes, viviam um verdadeiro choque intelectual ao chegar (a maioria, das províncias) para estudar no "Tabernáculo da Ciência" — denominação, lembremos, dada pelos próprios alunos à sua Escola, significando mais a escola informal que a formal. Esse processo, por sua intensidade e velocidade, muitas vezes dava a esses jovens a sensação de que sua pouca idade cronológica era compensada pelo aprendizado das doutrinas "científicas" e "modernas". O aluno Lauro Sodré, por exemplo, em artigos de 1881 que polemizam com o clero de seu estado natal, o Pará, escritos quando tinha 23 anos, é um exemplo do sentimento de superioridade intelectual desses jovens:

> Mais valor tem uma observação mesmo curta, mas bem dirigida, do que longos anos de uma experiência

desorientada. Não admira, portanto, que o moço obscuro, autor destas linhas, conheça a filosofia positiva e que a desconheçam velhos sacerdotes da religião católica.

O republicanismo da "mocidade militar" era oriundo da valorização simbólica do mérito individual somada à cultura cientificista hegemônica entre os alunos e jovens oficiais "científicos". As últimas décadas do século XIX viram a aproximação cada vez mais estreita entre o "culto da ciência" e o republicanismo. Na França, centro cultural do "mundo civilizado" de então, o surgimento da Terceira República elevou o culto da ciência, da razão, da evolução e do progresso à condição de ideologia oficial. "Ciência" tornou-se palavra comum nos manifestos republicanos e serviu como arma ideológica contra monarquistas e conservadores.

No Brasil, a estreita vinculação entre republicanismo e ciência também foi freqüentemente reiterada. O agora tenente Lauro Sodré, que acompanhamos acima criticando os sacerdotes, dirigiu, em 1885, uma "Carta ao Imperador", através de um jornal de sua província, onde afirmava, baseado nos métodos das ciências naturais, a inevitabilidade do progresso, "a marcha indefectível da civilização para diante". Citando Spencer, defendia que a Monarquia era "um atestado de inferioridade mental e de baixeza de caráter".

O mesmo Lauro Sodré foi o redator de um manifesto republicano em 1886, no qual afirma que o objetivo é "a eliminação da realeza, que para nós re-presenta a causa do nosso atraso". A certeza de que a República viria mais cedo ou mais tarde era justificada em termos cientificistas:

> Por virtude da evolução, essa lei eterna que rege todos os fenômenos da natureza, que vai do microcosmo ao macrocosmo, do átomo diferencial ao grande todo chamado universo, a luz da civilização pode penetrar os antros do despotismo e varrer da superfície da terra a sombra dos autocratas.

Ainda segundo esse jovem militar "científico", a mudança de regime não ocorreria sem comoção e sem abalo: "São fatos naturais na ordem social, esses choques violentos chamados revoluções."

Alguns artigos escritos por Euclides da Cunha em 1888-89 fornecem ótimos exemplos de como a cultura cientificista da "mocidade militar" se projetava sobre a visão que eles tinham da política. Destaca-se, neles, a certeza absoluta de que os ideais democráticos dos republicanos são científicos — fórmula que Euclides resume admiravelmente na afirmação: "Forma-se um democrata como se faz um geômetra":

> Pois bem, a política do século XIX chama-se democracia; de há muito a colaboração de todas as ciências e das tendências naturais de nosso temperamento despiu-a do frágil caráter de uma opinião partidária, para revesti-la da fortaleza da lógica inquebrantável de uma dedução científica. Em sociologia, eu creio que ... chega-se a ela tão naturalmente como Lagrange à fórmula geral da dinâmica. Assim, não é uma forma de governo que se adota, é um resultado filosófico que se é obrigado a adotar; forma-se um democrata como se faz um geômetra, pela observação e pelo estudo; e, nessa luta acirrada dos partidos, por fim o republicano não vencerá — convencerá; e, tendo enfim dominado os adversários, não os enviará à guilhotina, mandá-los-á para a escola.

Outra carta de nosso já conhecido José Bevilaqua, escrita no início de 1886, é ainda mais clara a esse respeito. Ele procura tranqüilizar sua mãe, católica praticante, do susto que ela tivera ao receber a notícia de que o filho, agora alferes-aluno, em breve deixaria os alojamentos da Escola Militar para ir morar com colegas numa "república". A forma pela qual o jovem "científico" de 23 anos desfaz esse mal-entendido é notável:

> Vm$^{ce}$ não tem razão para sentir calafrios ante a palavra República; em primeiro lugar porque ela simboliza a

> forma de governo em que os direitos dos cidadãos são melhor definidos, porquanto não admitindo privilégios de famílias ou de classes, as leis igualam todos cidadãos e a única distinção é aquela que é oriunda do mérito e das virtudes individuais ...; demais ali tratava-se de uma casa de estudantes, que costuma-se designar por esse nome.

A "mocidade militar" era francamente republicana desde muito antes da "Questão Militar" de 1886-87, em geral considerada um marco da radicalização política dos militares ao final do Império. A partir de 1878, alunos da Escola Militar criaram clubes secretos republicanos e, em diversas ocasiões, cantaram ou tentaram cantar, desafiando seus superiores, a *Marseillese*, o hino revolucionário francês. É notável o radicalismo de sua atuação e o fato de que, nos escritos e nas memórias dos jovens "científicos", não apareçam referências a professores ou políticos convertendo-os ao republicanismo. As referências a esse respeito levam sempre a livros por eles adquiridos e devorados e, principalmente, à influência de outros jovens "científicos" agrupados em associações e clubes de alunos.

Entre a "mocidade militar" não havia clareza a respeito de como a República vindoura seria organizada. Parece ter sido suficiente saber que se tratava da única forma científica de governo, aquela onde reinaria o mérito, ordenador de toda a vida social. A falta de definição a respeito de como seria a República facilitou, por um lado, a unidade de pensamento e ação da "mocidade militar" antes do golpe de 1889; por outro lado, ajudou a apressar sua fragmentação tão logo a República foi instituída.

Também é importante perceber, para além das conexões do republicanismo da "mocidade militar" com a ideologia do mérito e com as doutrinas cientificistas, que a imagem da República exercia sobre ela forte atração estética. A imagem da República era feminina, representada sempre como uma mulher — em nome da qual, para os jovens republicanos, se agia. Um exemplo ilustrativo vem, mais uma vez, do jovem Euclides da Cunha. No dia 16 de novembro de 1889, Euclides, acompanhado de alunos da Escola Militar, foi a uma reunião na casa do major Sólon Ribeiro, para comemorar a República. Nessa reunião, conheceu a jovem Ana, filha daquele oficial, com quem meses mais tarde se casaria — e por quem anos mais tarde morreria. Ao sair, deixou na mão da menina um bilhete: "Entrei aqui com a imagem da República e parto com a tua imagem..."

Pretendi, através dessa breve apresentação da Escola Militar nos anos finais do Império, apontar as ligações e a coerência dos elementos culturais predominantes entre os alunos. O mérito contra os privilégios, o progresso contra o atraso, o futuro contra o passado — eram esses os principais valores que orientavam a ação política por eles desenvolvida em sociedades abolicionistas e republicanas e na conspiração que levou ao fim da monarquia no Brasil. Nesse processo, esses jovens conseguiram atrair alguns oficiais não politizados — como Benjamin Constant — e outros de perfil mais *troupier*, como Deodoro. Apesar de poucos, esses oficiais mais graduados foram importantes para passar à Nação e ao Exército a idéia de que representavam a "classe militar".

## A Questão Militar

Foi com espírito "científico" e republicano que a "mocidade militar" participou ativamente da "Questão Militar", nome dado a uma série de conflitos entre militares e o governo iniciados em agosto de 1886 e que se prolongaram até maio de 1887. O motivo que iniciou a Questão foi a repreensão feita pelo governo a dois oficiais do Exército, os coronéis Cunha Matos e Sena Madureira, por declarações feitas na imprensa. O marechal Manuel Deodoro da Fonseca, comandante das Armas e presidente em exercício da província do Rio Grande do Sul, logo foi envolvido, pronunciando-se a favor dos dois oficiais. Várias reuniões de oficiais ocorreram e, com isso, a questão passou a se configurar, cada vez mais, como um confronto entre militares e governo, e não mais apenas como um caso isolado de indisciplina ou de perseguição política. Cunha Matos e Sena Madureira foram repreendidos pelo governo e Deodoro terminou exonerado das funções que exercia, sendo transferido para o Rio.

Foi num clima tenso que Deodoro chegou à Corte, acompanhado de Sena Madureira, em 26 de janeiro de 1887. Poucos dias depois houve uma reunião no Teatro Recreio Dramático, à qual compareceram Deodoro, Sena Madureira e Cunha Matos, além de Benjamin Constant e cerca de 180 oficiais e alferes-alunos "científicos". Os generais que serviam na Corte não compareceram, bem como nenhum membro da Marinha. Foram apenas mais um ou dois oficiais superiores, além dos já mencionados. Quem compareceu, portanto, e maciçamente, foi a "mocidade militar". Na reunião, Deodoro apresentou uma moção que afirmava que os oficiais presentes "não julgarão terminado com honra para a classe militar o conflito suscitado entre esta e o governo" enquanto perdurassem as repreensões feitas aos dois oficiais.

Poucos dias depois, Deodoro foi visitar o Imperador e entregou-lhe uma carta na qual criticava violentamente as punições infligidas pelo governo a Cunha Matos e Sena Madureira, bem como os ataques que eles sofreram de membros do Parlamento. Deodoro utiliza em sua carta as palavras "brios", "dignidade", "honra", "pundonor" e "hombridade", referindo-se aos sentimentos do Exército que foram ofendidos.

Termina pedindo ao Imperador, em nome do Exército e "com o mais profundo respeito", que resolva a questão.

O ministro da Guerra acabou pedindo demissão, pois o Imperador não aceitou sua proposta de encerrar a carreira militar de Deodoro. O novo ministro comunicou que as notas de repreensão seriam canceladas, tão logo os atingidos o solicitassem. Com isso, Deodoro deu por encerrada a Questão Militar. Esta, no entanto, se prolongaria, pois Sena Madureira e Cunha Matos negaram-se terminantemente a solicitar o trancamento das notas, afirmando que cabia ao governo admitir seu erro, cancelando, *ex-officio*, as repreensões. Nessa ocasião, segundo o depoimento de Cunha Matos, os dois foram censurados por Benjamin Constant, que lhes disse: "Os senhores são uns turbulentos que querem fazer a República; devem requerer o trancamento das notas." Madureira respondeu com veemência, concluindo: "Cortem-me a mão, mas não requeiro." A posição dos dois oficiais levou ao prolongamento da Questão Militar. Deodoro, a princípio relutante, voltou atrás em sua posição de dar a Questão como encerrada.

Em 14 de maio de 1887, Deodoro e o general Câmara (o visconde de Pelotas, agora senador pelo Rio Grande do Sul) assinaram o manifesto "Ao Parlamento e à Nação", em que reafirmavam não poderem compactuar com uma posição "que nos ludibria, arrancando-nos a dignidade de cidadãos armados, para não nos deixar mais que a subserviência dos janízaros" — uma alusão ao exército de escravos dos sultões do Império Otomano. No dia 16, realizou-se uma reunião entre Pelotas, Deodoro, Sena Madureira, Benjamin Constant, seu irmão Marciano, o capitão Serzedelo Corrêa como representante da Escola Militar e um representante de cada um dos corpos da guarnição da Corte. Serzedelo disse que a Escola Militar seria vanguarda numa possível revolução. Pelotas, no entanto, preferiu a negociação parlamentar. O impasse foi resolvido no dia 20, quando o Senado se articulou para aprovar uma moção que "convidava" o governo a realizar o cancelamento das notas. Com isso, estava encerrada a Questão Militar.

Pela primeira vez na história brasileira, grupos de militares haviam afirmado publicamente e com força a existência de uma "classe militar", opondo-se a atos do governo. A Questão Militar, no entanto, não mobilizou toda a instituição, nem mesmo sua maioria. Nas manifestações que ocorreram não houve participação da Marinha, nem da maioria dos oficiais superiores — para não falarmos de oficiais-generais. Além disso, as principais adesões ficaram restritas à guarnição da província do Rio Grande do Sul.

No entanto, os militares que participaram da Questão, conscientemente ou não, conseguiram vinculá-la a um *ressentimento* contra os civis em geral e os políticos em particular, manipulando elementos simbólicos extremamente importantes para os militares, como "honra" e "brios". Como resultado, eventos que podiam ter sido tratados como simples casos de indisciplina e insubmissão ao poder civil transformaram-se em episódios de defesa da "classe militar" contra o que percebiam ser uma humilhação e afronta do governo ao que possuíam de mais caro. Com isso, se efetivamente apenas uma parte do Exército se mobilizou, muitos oficiais leais ao governo passaram a ver com simpatia, embora à distância, o desenrolar dos acontecimentos.

## Deodoro e Benjamin

Foi desastroso para o governo defrontar-se com um marechal que desfrutava de grande prestígio no Exército, como Manuel Deodoro da Fonseca (1827-92). O homem que administrava e comandava militarmente a guarnição mais poderosa do país era, antes de mais nada, um militar que ascendera no Exército em grande parte devido às suas qualidades guerreiras, demonstradas diversas vezes nos campos de batalha. Sua posição durante toda a Questão Militar foi a de um *troupier* cuja vida se manteve vinculada ao Exército, que estaria sendo ameaçado pelos políticos — ou "casacas", como costumava dizer. O exemplo mais dramático desse tipo de pensamento ocorreria no dia 15 de novembro de

1889, quando, dirigindo-se ao visconde de Ouro Preto, cujo gabinete vinha derrubar, Deodoro afirmou que o Exército era maltratado pelos políticos, embora fosse a única instituição do país que sabia sacrificar-se pela Pátria. Aludiu em seguida aos serviços que prestara no campo de batalha, lembrando que certa vez, na Guerra do Paraguai, passara três dias e três noites combatendo num pantanal, sacrifício que ele — Ouro Preto, ali representando todos os "casacas" — não podia avaliar.

As posições de Deodoro e Pelotas em defesa da honra militar foram partilhadas por alguns oficiais de patentes intermediárias, entre eles alguns oficiais superiores como Cunha Matos, Sena Madureira e Benjamin Constant. Os militares dessa geração participaram da Guerra do Paraguai como oficiais subalternos. Durante os dezesseis anos do período entre o final da guerra e a Questão Militar, eles, em geral, sofreram com promoções lentas, falta de aumento dos vencimentos e o reduzido orçamento destinado ao Exército. A esse quadro pouco animador devemos acrescentar a falta de interesse político dos sucessivos governos que se seguiram à guerra em implementar medidas de reforma e modernização do Exército. Isso abriu espaço, especialmente após a Questão Militar de 1886-87, ao crescimento do movimento radical da "mocidade militar". Surgem nessa época um novo espaço institucional — o Clube Militar — e um novo líder — Benjamin Constant.

A Questão Militar marcou o ingresso, na cena política, do então major Benjamin Constant Botelho de Magalhães. Pela primeira vez ocorreu o encontro, em espaço público e fora das salas de aula, da "mocidade militar" com o "Dr. Benjamin", como era chamado por seus alunos. Esse encontro terá importantes desdobramentos. A partir do final de 1886, a biografia de Benjamin Constant não pode mais ser desvinculada de sua relação com a "mocidade militar". É no "Dr. Benjamin" que os jovens oficiais "científicos" irão se fixar na busca por um líder da conspiração republicana.

Benjamin Constant (1837-91) trazia em sua biografia, por um lado, a marca da ausência de recursos sociais herdados, incluindo passagens trágicas como a morte do pai, a loucura da mãe e uma tentativa de suicídio aos treze anos; por outro lado, a experiência da ascensão social por mérito. Ingressando na Escola Militar antes por necessidade que vocação, conseguiu concluir o curso e receber o tão almejado título de bacharel em matemáticas e ciências físicas. Nos anos que se seguiram, ficam claros o afastamento de Benjamin Constant da carreira militar, sua dedicação ao magistério como professor de matemática, e as frustrações e decepções que sofreu na busca por boas posições docentes. Apesar de sua competência intelectual, Benjamin, ao que parece por falta de *background* social, só conseguiu ingressar como professor em escolas menores. As dificuldades para obter uma boa posição no magistério surgiam apesar de seu prestígio como professor de matemática.

No início de 1866, Benjamin Constant, recebeu ordem para seguir para o teatro de operações na guerra contra o Paraguai. No pouco mais de um ano que permaneceu no Exército em guerra, atuou como oficial de engenharia em trabalhos de abastecimento, construção de trincheiras e elaboração de esboços topográficos. Pelas cartas que enviou à sua família durante esse período — publicadas, embora com cortes, apenas após sua morte —, fica claro o desinteresse que tinha pela carreira militar e as fortes críticas que fazia à condução da guerra e aos comandantes do Exército brasileiro, especialmente Caxias. Fica evidente também sua filiação à doutrina positivista formulada por Auguste Comte. Benjamin sempre se concentraria, no entanto, na parte "científica" da obra de Comte, vindo a romper com a Igreja Positivista do Brasil em 1882, por discordar da orientação proselitista de seus diretores.

Em meados de 1867, Benjamin pôde retornar à Corte por ter recebido uma licença de saúde, que seria seguidamente renovada. Desse modo, não mais retornou à guerra. Em um manuscrito dessa época existente em seu arquivo pessoal, ele pedia demissão do Exército, "deixando a carreira das armas e seguindo outra [o magistério], a que o suplicante se tem dedicado e para a qual sente a mais decidida vocação". O requerimento não chegou a ser encaminhado, talvez porque em junho de 1868 Benjamin Constant tenha sido nomeado para uma função no Observatório Astronômico, o que lhe permitia evitar o retorno à guerra e retomar sua carreira no magistério. Em maio de 1869, morre seu sogro, diretor do Instituto de Meninos Cegos, e Benjamin assume seu lugar à frente dessa instituição, onde permaneceria por muitos anos.

Benjamin Constant entrou para o magistério da Escola Militar da Praia Vermelha em 1872, na condição de repetidor. Quando a Questão Militar rebentou, encontrava-se profundamente insatisfeito profissionalmente, especialmente porque não conseguia que o governo melhorasse sua situação na Escola Militar, nomeando-o (e também a outros colegas) professor catedrático, única esperança que então possuía de melhorar sua precária situação financeira. Uma anotação em sua agenda, do dia 13.9.1886, diz o seguinte:

> Há mais de 13 anos tive a certeza de que ... apesar do direito incontestável às suas nomeações de lentes catedráticos ... o capricho (I.) [Imperador] tem triunfado de tudo e de todos. ... Assim violentado em meus direitos, requeri, com os outros, ao Parlamento, a minha nomeação de lente catedrático.

Surgiu a possibilidade de prestar concurso para obter a cátedra, ou de que a nomeação fosse feita por vontade do Imperador, mas Benjamin continua a escrever revoltado, em seu diário, que não aceitaria nem prestar concurso nem a promoção "como um gesto de clemência Imperial. ... Não quero como favor o que me competia por direito. Rejeitarei essa nomeação se ela se der." [sublinhado no original]

Na mesma época, coincidentemente, havia a Questão Militar. Foi a primeira vez que Benjamin atuou voluntariamente como membro da "classe militar", e não como um professor de matemática. Vimos que ingressou na carreira militar por necessidade, e não por vocação. Chegou mesmo a quase pedir demissão do Exército. Sempre se considerou — e foi considerado, como demonstra o tratamento de "Dr. Benjamin" que recebia dos alunos — antes um professor que um militar. Exceto pela curta estada na Guerra do Paraguai, nunca desempenhou qualquer função no Exército além do magistério.

O que em 1886-87 uniu provisoriamente na mesma pessoa os papéis sociais de professor e militar — o "Dr. Benjamin" e o "major Benjamin" — foi a insatisfação de ambos com o governo pelo não-reconhecimento de seus direitos. Na mesma época em que o Dr. Benjamin se sentia logrado em seu direito à cátedra da Escola Militar — que representava, além do reconhecimento acadêmico, o alívio financeiro tão desesperadamente necessário —, havia uma questão entre o governo e militares que se viam atingidos em seus direitos e em sua honra.

No início de 1887 Benjamin Constant era um homem de 50 anos, em sérias dificuldades financeiras, doente — viveria apenas mais quatro anos —, e com uma vida profissional marcada, a seu ver, pela má sorte. Menos de três anos depois, vemos o pacato professor de matemática metamorfoseado em líder radical do golpe militar republicano, deixando sua casa numa madrugada para unir-se a jovens militares numa aventura política. Dentre todos os destinos que lhe era possível escolher, Benjamin tomou a direção aparentemente menos previsível, se tivermos como referência sua vida até 1887.

O interessante é que Benjamin será levado a desempenhar o papel com que passou à história por uma "mocidade militar" formada de jovens que, como ele, apesar de fazerem parte do Exército, também se viam antes como "científicos" que como militares. O fato de tanto Benjamin quanto a "mocidade militar" ocuparem uma posição periférica na carreira militar é, no entanto, bastante significativo para a compreensão das condições sociológicas que possibilitaram esse encontro.

Outras afinidades ficam claras quando colocamos em paralelo as características da cultura da "mocidade militar" e da biografia de Benjamin Constant. Vimos que a "mocidade militar" era um grupo relativamente homogêneo em termos de experiências profissionais e de valores, com uma identidade social construída em parte pela oposição simbólica, fora do mundo militar, ao mundo dos capitais sociais herdados (e não adquiridos por mérito pessoal) — o mundo dominado pelos bacharéis de direito — e, em parte, dentro do mundo militar, pela oposição ao Exército "tarimbeiro", ligado à tropa.

Vários pontos da biografia de Benjamin Constant encontram ressonância sociológica na cultura da "mocidade militar". Inicialmente, temos o baixo capital social herdado e o ingresso na carreira militar antes por necessidade que por vocação. A isso soma-se a socialização profissional na Escola Militar, com as mesmas experiências de afirmação do princípio do mérito individual, consubstanciado no título de alferes-aluno. E mais, o desinteresse pela parte bélica da carreira, o descompasso entre o sentimento de pertencer a uma elite intelectual e a falta de oportunidades sociais, o ressentimento com o governo pelas dificuldades na carreira. A explícita filiação de Benjamin ao positivismo em seus aspectos matemáticos e "científicos" também deve ser destacada. Vimos como a matemática ocupava um lugar de honra para a "mocidade militar". Se Benjamin Constant não tinha em sua biografia os elementos socialmente mais valorizados pela elite política e social da época, para a cultura da "mocidade militar" ele era, ao contrário, possuidor de um verdadeiro tesouro biográfico. Benjamin Constant tinha o mérito adicional de ter sido, se não o único, um dos poucos oficiais superiores da Corte a se apresentar em defesa da "classe militar" durante os episódios da Questão Militar.

No início de 1887, o primeiro encontro entre a "mocidade militar" e seu futuro "líder" já ocorrera. Mas entre o professor e o golpista, ainda havia uma longa distância a percorrer.

## À procura de um líder

A sucessão de incidentes da Questão Militar havia demonstrado que a unidade militar só poderia existir quando estivessem em jogo questões ligadas à honra, e não questões estritamente políticas. A "mocidade militar", no entanto, imediatamente articulou-se para não deixar a precária entidade social forjada na Questão — a "classe militar" — perder forma e desaparecer. O objetivo era institucionalizar uma associação que representasse a "classe" e fugisse ao controle da cadeia de comando militar existente.

Diversas reuniões de jovens oficiais "científicos" ocorreram no Rio, culminando na criação do Clube Militar, em 26 de junho de 1887, sob a presidência de Deodoro. A iniciativa da organização do Clube tinha partido de oficiais jovens que desejavam criar um centro politizador da "classe militar". Entretanto, no momento inicial de sua fundação, ficou claro que os poucos oficiais mais graduados presentes, inclusive Deodoro, pretendiam que a nova agremiação tivesse atuação moderada e dentro da legalidade. Apesar disso, é inegável que a criação do Clube representara ganho de espaço político para o grupo de oficiais mais jovens e radicais, que conseguira na Questão Militar amplificar sua voz desafiando o governo em nome da "classe militar".

Mas o objetivo final dos jovens oficiais "científicos" era a República, e alcançá-la ficava muito mais difícil sem que surgisse uma nova "Questão" que mobilizasse a "classe". Deodoro não era de forma alguma um republicano. Muito pelo contrário. No segundo semestre de 1888, escreveu uma carta a seu sobrinho Clodoaldo — então estudante da Escola Militar de Porto Alegre e, como a maioria de seus colegas, republicano — que é definitiva a esse respeito:

> República no Brasil é coisa impossível, porque será verdadeira desgraça. Quem quer República, quer que o Brasil seja dos gaspares, Cotegipe, Paulino de Sousa etc. Os brasileiros estão e estarão muito mal educados para "republicanos". O único sustentáculo do nosso Brasil é a monarquia; se mal com ela, pior sem ela ... Não te metas em questões "republicanas", porquanto

> República no Brasil e desgraça completa é a mesma coisa; os brasileiros nunca se prepararão para isso, porque sempre lhes faltarão educação e respeito para isso.

Apesar de rejeitar o regime republicano, a posição de evidência de Deodoro como presidente do Clube Militar, fruto de sua atuação na Questão Militar, era incômoda para o governo. No final de 1888, ele foi nomeado para comandar a província de Mato Grosso, o que equivalia, na prática, a um desterro mal disfarçado. Mesmo a contragosto, Deodoro não pôde resistir, sob risco de dar ao governo pretexto para uma acusação de insubordinação. Embarcou para Mato Grosso, deixando Benjamin Constant na presidência do Clube Militar.

O ano e meio que se seguiu ao final da Questão Militar foi difícil para os jovens oficiais "científicos", que compunham a quase totalidade da porção republicana do Exército. O Clube Militar fora dominado, desde seu início, por chefes militares que desejavam uma atuação moderada, não radical. Além disso, o fim da escravidão retirara o forte elemento mobilizador da campanha abolicionista, na qual os jovens "científicos" haviam atuado de maneira destacada. O imperador, sobre cujo estado físico sempre se especulava, voltara de uma viagem à Europa em agosto, melhor de saúde, desfazendo a impressão de que encontrava-se moribundo. Havia Deodoro, que, embora não fosse republicano, poderia talvez polarizar novamente uma oposição militar por conta de seus descontentamentos pessoais com o governo e a cúpula do Exército. No entanto, o governo tinha conseguido neutralizá-lo, enviando-o para o "desterro" em Mato Grosso. A morte, em 28 de janeiro de 1889, de Sena Madureira, foi mais um golpe a atingir o radicalismo militar. Dos elementos mais ativos na Questão Militar, restava apenas Benjamin Constant, com quem os jovens "científicos" haviam conseguido estreitar relações. Um evento extraordinário sacramentou essa aproximação.

No final de maio de 1888, Benjamin fora promovido a tenente-coronel, após permanecer quase treze anos como major. Nos dias de aula, costumava ir à paisana para a Escola Militar, trocando de roupa e vestindo o uniforme militar na casa do porteiro, antes de entrar no edifício. No dia 8 de junho, ao trocar-se, descobriu que os alunos haviam substituído as divisas de major pelas de tenente-coronel e trocado seu boné por um novo. Ao seguir para a Escola, nova surpresa o aguardava. Desde o portão de entrada até a sala de aula, Benjamin teve de passar por entre fileiras de alunos que lhe jogavam pétalas de rosas. A sala de aula estava completamente lotada, e os alunos deram três rodadas de vivas e palmas acompanhadas de manifestações de apreço. Muito surpreso, Benjamin Constant agradeceu, profundamente emocionado, a manifestação. Ao sair da sala, foi abraçado por todos os alunos, num raro gesto de intimidade entre ocupantes de posições hierárquicas tão desiguais.

As homenagens ainda não haviam acabado. Ao deixar a Escola, acompanhado por todos os alunos, entre vivas e palmas, Benjamin teve que tomar o escaler privativo do comandante, que os próprios alunos haviam solicitado e que fizeram questão de tripular na viagem até a praia de Botafogo. Como coroamento das homenagens dos alunos por sua promoção, Benjamin Constant ainda recebeu de presente, poucos dias mais tarde, um exemplar, ricamente encadernado, da *Synthése subjective* de Comte, encerrado num estojo com a inscrição do lema positivista em letras douradas: "O Amor por princípio, a Ordem por base, o Progresso por fim" (Ordem e Progresso, sem o Amor, ficariam futuramente registrados na bandeira republicana).

Essa homenagem dos alunos representou uma enorme surpresa para Benjamin Constant. A promoção recebida não justificava tanta comemoração, e de forma alguma representava um grande momento em sua carreira militar — à qual, aliás, ele nunca fora muito dedicado. Que significado, portanto, tinha esse episódio? Benjamin, como vimos, era reconhecido fundamentalmente como professor de matemática — o "Dr. Benjamin" — e como positivista. Sua biografia tinha, como já notamos, diversas características sociologicamente positivas para a cultura da "mocidade militar".

Além disso, durante a Questão Militar, havia sido o único professor da Escola a se envolver seriamente nos acontecimentos, razão pela qual veio a ter assegurado um lugar de destaque na criação do Clube Militar. Benjamin não era, no entanto, um professor "popular" entre os alunos. Não há, em qualquer dos depoimentos de ex-alunos, menção a encontros ou conversas informais fora da sala de aula. Exceto as reuniões a que compareceu durante a Questão Militar e no Clube Militar, todas as referências são à sala de aula. Com seu tempo tomado entre diversos empregos, Benjamin dificilmente teria tempo livre para permanecer na Escola Militar fora dos horários de aula.

As homenagens pela promoção tiveram o efeito de aproximar Benjamin de seus alunos. Os abraços trocados à saída da sala de aula são o símbolo máximo de uma intimidade que ultrapassava as rígidas barreiras da hierarquia militar e da relação professor-alunos. Todo o ciclo de homenagens representava ainda um contraste formidável entre a maneira como Benjamin via sua situação objetiva de vida — resultado, a seu ver, da junção entre a má sorte que o perseguia e as injustiças que sofria por parte do governo — e a forma desmedida pela qual os alunos o reverenciaram. O que seria esperado em retribuição a todas essas homenagens inusitadas?

A "mocidade militar" desejava que Benjamin Constant se tornasse seu "líder" através do engajamento na causa republicana radical — único ponto importante que, na época, ainda os afastava. Durante a Questão Militar, a atuação de Benjamin havia sido contemporizadora. Sem dúvida, enquanto positivista, possuía uma certeza científica quanto ao irresistível movimento em direção ao progresso. Nesse estágio positivo do desenvolvimento futuro da humanidade, mesmo a missão guerreira dos exércitos perderia sua razão de ser. A farda é incômoda tanto para Benjamin quanto para os jovens "científicos". Nesse ponto, compartilham das mesmas idéias. O contraste com os líderes da Questão Militar, evocando, como Deodoro, os sacrifícios feitos nos campos de batalha, é notável, e mostra com nitidez o quanto os "científicos" se afastavam da grande maioria do Exército — os oficiais de perfil *troupier*, orientados para a carreira.

Apesar de encontrar eco entre os alunos, as posições de Benjamin Constant em 1888 ainda eram muito moderadas para a "mocidade militar". Para os jovens militares republicanos, não era bastante aguardar a evolução inevitável da Humanidade; eles pretendiam viver o futuro ainda durante suas vidas. Já estava feita a reforma das idéias, era chegada a "época da ação", como afirmaria o alferes-aluno Tasso Fragoso em um artigo publicado em maio de 1889. Euclides da Cunha, seu contemporâneo de Escola Militar, fora ainda mais explícito, iniciando seu artigo "Revolucionários", de dezembro de 1888, com a frase: "O republicano brasileiro deve ser, sobretudo, eminentemente revolucionário." Faltava apenas convencer um "líder" a assumir esse discurso.

No início de 1889, Deodoro estava "desterrado" em Mato Grosso, Sena Madureira morto e a situação no Exército estaria calma, não fosse o clima explosivo na Escola Militar. Um exemplo dentre outros foi a insubordinação do aluno Euclides da Cunha, expulso da escola no final de 1888 por ter, durante visita do ministro da Guerra, saído de forma e atirado ao chão sua carabina e o sabre-baioneta. Seu gesto era um protesto contra o governo pela demora em efetivar as promoções a alferes-aluno de sua turma e, segundo várias fontes, também uma demonstração de fé republicana.

Para neutralizar o clima na Escola, o governo tomou diversas providências: efetivou as promoções atrasadas, dividiu a Escola Militar em duas e procurou cooptar Benjamin Constant. Foi criada uma Escola Superior de Guerra (sem continuidade histórica com a atual), para onde foram transferidos os cursos das armas "científicas" — portanto, todos os alferes-alunos. Permaneceram na Praia Vermelha apenas os cursos de infantaria e cavalaria.

Segundo o relatório do ministro da Guerra de 1889, a criação da nova escola faria melhorar a disciplina na instituição, afastando os alferes-alunos dos novatos — cortando, assim, a linha de transmissão das idéias republicanas. Se o objetivo do governo era neutralizar o radicalismo dos jovens "científicos", o tiro saiu pela culatra. A Escola Superior de Guerra (ESG) foi instalada em um edifício no bairro de São Cristóvão, próximo aos quartéis do 1º Regimento de Cavalaria e do 2º Regimento de Artilharia, duas das unidades militares mais poderosas da Corte, e que compunham a 2ª Brigada do Exército. Como não havia regime de internato na ESG, os alferes-alunos para lá transferidos foram morar nas famosas "repúblicas". Em pouco tempo, estreitaram laços de camaradagem com os oficiais inferiores das unidades sediadas no bairro, a grande maioria deles também ex-alunos "científicos" da Escola Militar. Mais tarde, todos estarão juntos na assinatura dos "pactos de sangue" e no movimento insurrecional. Em 1889 São Cristóvão torna-se, portanto, um reduto da "mocidade militar".

O governo procurou também por diversos meios cooptar Benjamin Constant. Transferidos para a nova escola, ele e outros professores da Escola Militar finalmente tiveram a tão esperada nomeação para catedráticos. Além disso, o governo ofereceu a Benjamin o cargo de vice-diretor da ESG, que acumularia com os vencimentos de lente, e mais o título de conselheiro. Benjamin recusou ambas ofertas. Por quê?

Para responder a esta pergunta, há que se notar, em primeiro lugar, que seu desgosto com o governo, fruto de longa insatisfação profissional, parecia haver chegado a um ponto sem volta. A nomeação para catedrático deveria, a seu ver, ter sido feita quinze anos antes. Caso aceitasse o título de conselheiro e o cargo de vice-diretor da ESG, Benjamin certamente perderia todo o prestígio de que desfrutava perante a "mocidade militar" e seus alunos em particular, dos quais recebera, como vimos, grandes manifestações de apreço no ano anterior. É interessante notar que, no único dia que se passou entre o oferecimento das homenagens e sua recusa, ele recebeu a visita de um ativo membro da "mocidade militar", o capitão Serzedelo Corrêa, com quem conversou sobre a reforma da Escola Militar. Benjamin preferiu continuar sendo o "venerando mestre" dos jovens oficiais "científicos". Estes, por seu lado, continuaram agindo tendo em vista antecipar a chegada da República.

Em 7 de julho de 1889 subiu ao poder o ministério liberal chefiado por Afonso Celso de Assis Figueiredo, o visconde de Ouro Preto, que seria o último do Império. O novo gabinete tomou diversas iniciativas para tentar controlar a área militar. Enquanto isso, no Clube Militar, foi eleita em 11 de julho uma chapa encabeçada por Deodoro (presidente) e Benjamin Constant (vice), na ausência do primeiro, que ainda estava em Mato Grosso. O *quorum* de apenas 30 membros, a maioria oficiais inferiores, mostra que o Clube andava em estado de abandono. Essa inatividade, no entanto, menos que sinal de desmobilização política, sugere que o Clube era um espaço mais virtual que real, a ser ocupado apenas para se evocar a "classe militar".

Continuava forte a agitação dos jovens "científicos". Em 14 de julho de 1889, os republicanos comemoraram o centenário da Queda da Bastilha com uma aglomeração em frente ao Clube Tiradentes, seguida de uma caminhada até o Congresso Nacional, onde foi realizada uma sessão. Depois, na rua do Ouvidor, foram dados vivas à República, sendo a manifestação duramente reprimida. Alguns jovens militares "científicos" (dentre os quais nossos já conhecidos José Bevilaqua e Tasso Fragoso), fardados e armados, defenderam os manifestantes, disparando alguns tiros.

A "mocidade militar" permanecia, portanto, no terreno da radicalização. Surgiu, finalmente, a oportunidade tão esperada para tentar criar uma nova Questão Militar. No dia 13 de setembro de 1889, Deodoro voltou à Corte, desgostoso com o governo por sua situação no Exército e pela escolha de um rival político — o senador Silveira Martins — para a presidência da província do Rio Grande do Sul, que pouco antes chefiara. No dia seguinte, ocorreu um fato em si pouco importante, mas que os jovens oficiais republicanos bem souberam explorar politicamente, iniciando um processo de radicalização que levaria ao golpe. Durante visita ao Tesouro, o visconde de Ouro Preto não encontrou em seu posto o comandante da guarda, tenente Pedro Carolino, que estava dormindo (na versão de Ouro Preto) ou no banheiro (na versão do militar). O tenente foi imediatamente punido com prisão por Ouro Preto. O caso era de muito pouca importância e o oficial em questão pouco estimado inclusive por seus colegas. Mesmo assim, na falta de algo melhor, servia de pretexto para que a "mocidade militar" tentasse gerar uma nova situação de conflito entre militares e o governo.

Nos dias seguintes, ocorrem diversas visitas de jovens "científicos" à casa de Benjamin Constant, com a finalidade de atraí-lo para o que desejavam fosse uma "nova Questão Militar". No dia 16, surge um requerimento de 40 sócios do Clube Militar a Deodoro, pedindo que convocasse uma sessão extraordinária "para tratar-se de negócio urgente e relativo aos direitos e garantias da classe". Examinando-se o nome dos signatários, vê-se que todos são tenentes ou alferes-alunos; dentre eles, 30 em breve assinariam os "pactos de sangue" oferecidos a Benjamin Constant. Pode-se afirmar, portanto, que o documento era assinado pela "mocidade militar", desejosa de explorar ao máximo o incidente — a referência aos "direitos e garantias da classe" não deixa dúvidas a esse respeito. Esse requerimento muito provavelmente foi apresentado a Benjamin antes de ser entregue a Deodoro. Benjamin anexou um bilhete a Deodoro encaminhando o requerimento:

> Um acontecimento lamentável dado entre o Sr. ministro da Fazenda e um oficial do nosso Exército parece-me digno de um protesto por parte do Clube. V. Excia., com o seu reconhecido critério e devotado amor à classe da qual V. Excia. é um dos mais belos ornamentos, resolverá a respeito. Adiro desde já à resolução que V. Excia. tomar em nome da classe.

A referência a "um oficial do nosso Exército" e a antecipação de um "protesto" em nome da "classe" mostram claramente que Benjamin endossara o espírito do requerimento dos jovens oficiais. Um rascunho do bilhete, localizado em seu arquivo, revela que, antes de escrever "parece-me digno", Benjamin tentara a forma mais enfática "parece-me exigir". Essa substituição sugere que Benjamin imaginava ser o termo forte demais para Deodoro, talvez pela distância hierárquica que separava os dois, talvez pela postura exaltada que revelava. De fato, a resposta, no dia 17, foi um curto e seco "por hora não há necessidade de reunir-se a sessão pedida", anotado por Deodoro no próprio requerimento. Os jovens oficiais signatários do requerimento não se conformaram com a recusa de Deodoro, principalmente porque, de acordo com os estatutos do Clube, em vista do número de sócios requerentes, a sessão não poderia deixar de ser convocada. Voltaram então a procurar Benjamin.

1. O "Tabernáculo da Ciência": a Escola Militar da Praia Vermelha, c.1885. (Foto de Marc Ferrez)

2. "Papai não apareceu para jantar e já estávamos receosas sem sabermos para onde ele iria e onde jantaria, *pois ele não gosta de andar fardado*." (Diário de Bernardina, filha de Benjamin Constant, 23.10.1889, dia do banquete aos oficias chilenos)

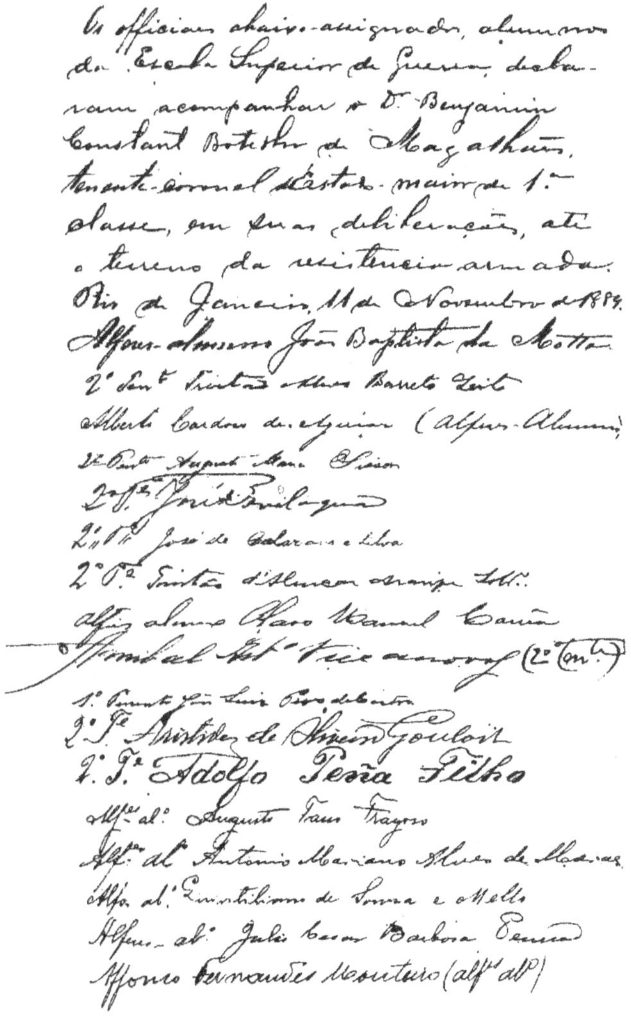

Os officiaes abaixo-assignados, alumnos da Escola Superior de Guerra, declaram acompanhar o Dr. Benjamin Constant Botelho de Magalhães, tenente-coronel d'Estado-maior de 1ª classe, em suas deliberações, até o terreno da resistencia armada.
Rio de Janeiro, 11 de Novembro de 1889.
Alferes-alumno João Baptista da Motta
2º Tente Tristão Alves Barreto Leite
Alberto Cardoso de Aguiar (Alferes-Alumno)
2º Tente Augusto Mano Sisson
2º Te José Bevilaqua
2º Te José de Salazares e Silva
2º Te Tristão d'Alencar Araripe Filho
Alfes alumno Alvaro Manoel Cunha
Annibal Antº Eloy Amoroso (2º Tente)
1º Tenente João Luiz Pinto de Castro
2º Te Aristides de Oliveira Goulart
2º Te Adolfo Penna Filho
Alfes al. Augusto Tasso Fragoso
Alfes al. Antonio Mariano Alves de Moraes
Alfes al. Quintiliano de Souza e Mello
Alferes-al. Julio Cesar Barboza Penna
Affonso Fernandes Monteiro (alfes al.)

3. "Os oficiais abaixo-assinados, alunos da Escola Superior de Guerra, declaram acompanhar o Dr. Benjamin Constant Botelho de Magalhães, tenente-coronel do Estado-Maior de 1ª classe, em suas deliberações, até o terreno da resistência armada." (Trecho do Pacto de Sangue dos alunos da ESG oferecido a Benjamin Constant, 11.11.1889)

4. "A Revolução Brasileira – Os chefes do movimento percorrendo a cidade do Rio à frente das tropas reunidas à República."
(Desenho de Bellenger publicado em *L'Illustration*, 21.12.1889)

Os acontecimentos relativos ao que ficou conhecido como "incidente Carolino" mostram a "mocidade militar", já bastante radicalizada, indo a Benjamin em busca de apoio para a reedição da Questão Militar. Além disso, podemos acompanhar, nesse encontro com os jovens "científicos" republicanos, a crescente radicalização política de Benjamin Constant. A confiarmos num depoimento posterior do alferes-aluno Tasso Fragoso, à época do incidente, "apesar do excepcional entusiasmo que os discípulos de Benjamin Constant lhe votavam, não suspeitavam eles que o emérito professor viria brevemente corresponder às suas aspirações republicanas". Toda a ação da "mocidade militar" — agora contando com o envolvimento de Benjamin Constant — será no sentido de forjar uma continuidade da Questão Militar de 1886-87 com o "incidente Carolino". Esses dois momentos não são parte de uma mesma "questão", como geralmente se supõe. Pelo menos não para Deodoro, que não queria fazer a reunião; também não para os poucos oficiais superiores envolvidos na Questão Militar, que agora — à exceção de Benjamin — não estavam presentes. A Questão Militar de 1886-87 foi fundamentalmente corporativa, apesar do desejo da "mocidade militar" de radicalizá-la politicamente; a "questão" de 1889 é essencialmente republicana e envolve, até poucos dias antes do golpe, uma parcela ainda menor do Exército.

Por essa época, setembro-outubro de 1889, confluiu para a Corte um pequeno grupo de oficiais que viria a ter papel importante na eclosão do golpe, atuando principalmente junto a Deodoro: o major Frederico Sólon de Sampaio Ribeiro, o capitão Antônio Adolfo da Fontoura Mena Barreto e o tenente de cavalaria Sebastião Bandeira. Era um grupo de oficiais de perfil distinto da "mocidade militar". Mais velhos, veteranos do Paraguai e da arma de cavalaria, com perfil profissional antes "tarimbeiro" que "científico". No entanto, também eram politicamente exaltados. Sólon parece ser o único ideologicamente definido como republicano; para os outros, a questão mobilizadora era, em primeiro lugar, a política rio-grandense, seu estado natal. Eles iriam diversas vezes à casa de Deodoro, procurando cooptá-lo para uma conspiração contra o governo. Apenas às vésperas do golpe, e contando com a participação de Benjamin Constant, já atuando na conspiração, conseguiriam convencê-lo.

Em meados de outubro de 1889, Benjamin recebeu um "convite especial" de uma comissão de alunos da Escola Militar da Praia Vermelha — da qual havia sido desligado há pouco, ao ser criada a ESG — para comparecer, no dia 23, a um banquete em homenagem aos oficiais do cruzador chileno *Almirante Cochrane*, que estava no Brasil em missão oficial para participar dos festejos das bodas de prata dos príncipes imperiais.

No dia do evento, além dos oficiais chilenos e do comandante da Escola, estava presente, representando o governo brasileiro, o ministro interino da Guerra. Na primeira mesa do banquete, autoridades chilenas e brasileiras trocaram os brindes previstos no protocolo. Na segunda mesa do banquete, já ao cair da tarde, uma surpresa: um aluno levantou-se, tomou a palavra e fez uma saudação emocionada a Benjamin Constant, que terminou, sob aplausos dos colegas, com um inusitado "Viva o mestre Benjamin Constant!". Seguiram-se vivas, palmas e flores que duraram mais de quinze minutos, diante de um ministro, um comandante da Escola e de oficiais chilenos atônitos.

Mas o pior — ou melhor — estava por vir. Se todo o ciclo de homenagens promovido pouco mais de um ano antes pelos alunos à promoção de Benjamin Constant deveria ser retribuído, a hora era essa, e Benjamin não a deixou passar: tomou a palavra e, após sublinhar que estava ali a convite dos alunos, fez uma saudação exaltada à "mocidade militar" e um ataque frontal ao governo. O discurso, segundo algumas fontes, teria se encerrado com a afirmação de que o Exército brasileiro não era composto de janízaros e que, "sob a farda de cada soldado, pulsa o coração de um cidadão e de um patriota!". O ministro da Guerra, afrontado, retirou-se antes de Benjamin Constant terminar seu discurso, de quase uma hora. Ao final, Benjamin foi saudado, segundo os jornais, de forma entusiástica e delirante.

Uma das filhas de Benjamin Constant, Bernardina, registrou em seu diário, nesse dia, que seu pai lhe contara que "os alunos e quase a escola em peso aplaudiu-o muito com palmas, vivas e flores, e até as senhoras foram cumprimentá-lo e jogar-lhe flores". Segundo José Bevilaqua, Benjamin teria saído da Escola dizendo aos jovens militares que o cercavam: "Arre! Desabafei! Isto valeu por cinco ou seis sessões!" — uma referência à tão esperada sessão do Clube Militar que fora negada por Deodoro. Segundo um documento reservado do comandante da 2ª Brigada, quando o ministro e os oficiais que o acompanhavam se retiravam, "houve dentro do edifício ... vivas inconvenientes e ouvidos pelo povo que se achava à porta da mesma e pelas praças dos regimentos que se achavam em frente". Eram vivas à República... do Chile!, prolongando a pausa para marcar a intenção. Os alunos e jovens oficiais "científicos", exultantes, improvisaram um baile que varou a noite.

Para os jovens militares, o efeito do discurso de Benjamin foi formidável. Apesar de não haver uma reação imediata por parte do governo, correu o boato de que Benjamin Constant seria preso. Os alunos da ESG, em vista disso, fizeram uma manifestação-surpresa no dia 26. Quando Benjamin terminou sua aula, a sala foi invadida por praticamente todos os oficiais inferiores da 2ª Brigada — 37 pessoas, sendo 9 capitães,

16 tenentes e 12 alferes e alferes-alunos —, além de alguns oficiais de batalhões de infantaria e, é claro, os 59 alferes-alunos da ESG. Ou seja, quase toda a "mocidade militar", acrescida dos já conhecidos Mena Barreto e Sebastião Bandeira.

Ainda segundo o diário de Bernardina, o objetivo de todos era deixar claro

> que estavam à sua disposição para o que quisesse; os alunos declarando que não tendo mais manifestação a fazer que demonstrasse o apreço e o grau de amizade que têm a papai disseram que estavam todos ao seu dispor e que lhe entregavam o corpo, a inteligência, o coração etc., se o governo tentasse contra ele alguma vingança.

O alferes-aluno Tasso Fragoso, que discursou em nome dos alunos da ESG, teria terminado afirmando: "Mestre! Nós delegamos em ti o nosso modo de pensar, de agir e de sentir na transformação republicana de nossa Pátria!". De idêntico espírito era uma mensagem assinada por 39 alunos da Escola Militar, entregue na ocasião, que termina com a frase: "Mestre, sede o nosso guia em busca da terra da promissão — o solo da liberdade!". Após ser erguido um viva "à dignidade do Exército", Benjamin agradeceu, comovidíssimo — segundo o *Diário de Notícias*, nestes termos:

> Disse que pertencia à Família, ao Exército e à Pátria por quem se sacrificaria; que queria ver o Exército respeitado e inteiramente respeitador, como garantia de segurança da manutenção da ordem e tranqüilidade públicas e trabalhando condignamente para o engrandecimento da Pátria, respeitando os direitos públicos, desde que estes cumprissem a lei, e reagindo até, se preciso fosse, na praça pública, quando os desmandos dos governos levassem o desrespeito à lei até a conspurcação dos direitos e brios do Exército, incompatíveis com a dignidade de uma classe patriótica e que ama extremamente a sua Pátria.

Benjamin fez sua escolha. A "mocidade militar" encontrou seu líder.

Como já foi observado, Benjamin Constant muitas vezes é apresentado como um líder carismático que "catequizou" e converteu seus "discípulos" para a conspiração contra o regime monárquico. Pretendi mostrar o contrário: ele é que foi atraído pela "mocidade militar", que estava *à procura de um líder*. Enquanto fenômeno sociológico, a liderança deve ser vista, em primeiro lugar, como uma *relação* de interdependência na qual líder e liderados se encontram em interação, em influência recíproca; não como uma qualidade intrínseca que se possui ou como um poder que é exercido sobre um grupo de pessoas. Ser líder significa também ser levado a exercer em plenitude seu papel, e não apenas fazer com que os liderados o sigam. É interessante, a esse respeito, saber que Benjamin Constant costumava se chamar, já na República, de "herói à força". Além disso, é importante perceber que o líder *dá forma ao grupo*. Falar em "mocidade militar" tem sido, até aqui, um artifício sociológico e literário para facilitar a descrição do universo cultural dos jovens oficiais "científicos" e permitir a narração de suas ações políticas; a rigor, no entanto, a "mocidade militar" só existiu a partir do momento em que esses oficiais *delegaram* a Benjamin Constant a missão de representá-la, e que este *assumiu* tal responsabilidade.

Por que Benjamin Constant veio a ser este líder? Vimos importantes características da biografia de Benjamin Constant que o tornavam um possível "candidato" à posição de líder da "mocidade militar". Ainda assim, elas não são suficientes para explicar como e por que ele veio a ocupar essa posição. Ao contrário do que alguns de seus biógrafos pretendem, não há uma predestinação inscrita em sua biografia para o papel que viria a desempenhar; da mesma forma, Benjamin também não nasceu com o *carisma* — dom, graça, sinal — que um dia seus "discípulos" nele reconheceriam. Na breve reconstituição histórica dos eventos decorridos desde a Questão Militar de 1886-87, procurei mostrar que as *ações* de Benjamin, sua *performance* — em grande parte, consciente — num papel que a "mocidade militar" lhe oferecia, é que foram decisivas para torná-lo um líder. Foi comparecendo a reuniões, proferindo discursos e expressando publicamente sentimentos que ele se habilitou ao carisma que lhe foi atribuído; Benjamin foi *responsável* por seu carisma. Este só foi "reconhecido" por seus "discípulos" após vários momentos de encontro e de sedução, de dádivas e retribuições. Só depois de vivê-los é que Benjamin e a "mocidade militar" se decidiram a tentar, juntos, uma aventura política.

Entretanto, em meio às homenagens, aos protestos, discursos, às palmas e aos manifestos que temos acompanhado, havia uma dose de iniciativa e risco — presentes, aliás, em toda ação política. Nessa altura, no entanto, a *fortuna* estava sorrindo para a "mocidade militar" e para Benjamin Constant. Juntos, venceriam as menos de três semanas que os separavam da República.

## A conspiração

Se dependesse de Ouro Preto, Benjamin teria sido prontamente punido. O presidente do Conselho, indignado com o discurso na Escola Militar, criticou o ministro, dizendo que ele deveria ter prendido Benjamin Constant ao invés de se retirar da Escola. No dia seguinte à manifestação na ESG, Benjamin recebeu um ofício do diretor da Escola solicitando esclarecimentos, a pedido do ministro da Guerra, sobre o teor de um artigo publicado em jornal, descrevendo a manifestação. Benjamin respondeu que o artigo estava fiel ao ocorrido. Ouro Preto procurou então o Imperador, sugerindo que o comandante da ESG fosse substituído e que um novo diretor punisse Benjamin Constant. Pedro II respondeu-lhe: "Olhe, o Benjamin é uma excelente criatura, incapaz de violências, é homem de x + b, e além disso muito meu amigo; mande chamá-lo, fale com franqueza e verá que ele acabará voltando ao bom caminho." Isto posto, a única atitude oficial em relação à manifestação na ESG acabou sendo uma ordem-do-dia do comandante da 2ª Brigada lamentando "fato tão irregular" — motivado, a seu ver, por "irreflexão, influência e entusiasmo de momento".

A aproximação efetiva entre Benjamin e os líderes republicanos civis ocorreu apenas após o discurso na recepção aos chilenos. Nos dias que se seguiram à manifestação na ESG, Benjamin encontrou-se com Quintino Bocaiúva e Aristides Lobo. Republicanos civis freqüentemente apoiavam os militares em suas questões contra o governo. Apesar disso, descontado o caso específico do Rio Grande do Sul, uma aproximação efetiva só se deu tardiamente. Quintino Bocaiúva diria, futuramente, que, já às vésperas do golpe, tanto Deodoro quanto Benjamin desconheciam quase completamente os políticos republicanos. O golpe foi militar em sua organização e execução; políticos republicanos civis tiveram um papel importante apenas na organização do novo regime, não antes.

O destaque às vezes atribuído aos efeitos da propaganda republicana é exagerado. Em 1889, o poder eleitoral do Partido Republicano era pequeno. Em agosto daquele ano, na eleição para a Câmara dos Deputados, os três candidatos do partido na Corte receberam apenas 12% dos votos. Nas províncias, o partido era uma força política significativa apenas no Rio Grande do Sul, onde talvez fosse o segundo partido em importância, e em São Paulo, onde contava com cerca de 25% do eleitorado e estava em franco crescimento, devido ao apoio que passara a receber de muitos fazendeiros após o fim da escravidão.

Além dessa modesta força eleitoral, o Partido Republicano sempre foi, desde sua fundação em 1870, um partido dividido. Os republicanos "doutrinários" eram em sua maioria ex-membros do Partido Liberal. Tinham o manifesto de fundação do partido como referência, centrando suas esperanças na descentralização política através do enfraquecimento do Executivo e do fortalecimento das províncias — "federação" era a palavra mágica. Em 1889, era essa corrente, mais moderada, que estava no controle do partido. No Congresso Republicano de maio de 1889, realizado em São Paulo, Quintino Bocaiúva foi eleito para a chefia nacional. Na ocasião, procurou contemporizar com a ala mais radical do partido, mas enfatizou sua perspectiva politicamente "evolucionista", não revolucionária, o que levou ao afastamento de diversos líderes.

Os republicanos civis também estavam divididos em relação à conveniência de se aliar aos militares para um golpe de Estado. No final de 1889, para os republicanos civis, eleitoralmente fracos e com um partido ainda pequeno e dividido, o encontro com os principais líderes militares em antagonismo com o governo era de interesse mais "instrumental" — a única possibilidade visível de se fundar logo a República — do que político ou ideológico. Para os militares, esse encontro representava a possibilidade de darem ao golpe o caráter de um movimento mais amplo que uma simples insurreição militar. Mesmo assim, essa aproximação, antes de 15 de novembro, será tímida e, ao menos da parte de Deodoro, eivada de desconfianças.

Nos primeiros dias de novembro, a grande preocupação de Benjamin Constant e da "mocidade militar" era preparar a tão aguardada reunião do Clube Militar para tratar do "incidente Carolino". Embora já estivessem decididos pela conspiração, o endosso do Clube era essencial para configurar o movimento como sendo da "classe militar" e, com isso, atrair Deodoro e conseguir a adesão de um número maior de oficiais. Quanto a Sólon, Mena Barreto e Bandeira, seus esforços estarão concentrados na tentativa de mobilizar alguns elementos da 1ª Brigada (que incluía os batalhões de infantaria estacionados na Corte) e na tentativa de envolver

Deodoro na conspiração. O desejado encontro entre alguns republicanos civis e Deodoro será realizado apenas no dia 11 de novembro.

Antes disso, aconteceu a reunião no Clube Militar. A preparação foi muito cuidadosa. É importante observar que o Clube Militar não se reunia em sessão desde a eleição de Deodoro e Benjamin, a 11 de julho — quase quatro meses antes, portanto. No mesmo período, a diretoria se reuniu apenas três vezes (a última em 29 de agosto), e somente 16 novos sócios aderiram. O Clube Militar, nesta fase inicial, não era um lugar de funcionamento permanente, onde convivessem os membros. Era, como já foi observado, um espaço virtual, a ser ocupado apenas quando fosse necessário evocar a "classe militar" — justamente o objetivo da reunião do dia 9 de novembro.

No dia 5, aconteceu uma reunião da diretoria do Clube, presidida por Benjamin (lembremos que ele havia assumido a presidência interina). O único objetivo parece ter sido aprovar a adesão de 43 novos membros. Examinando-se a lista desses membros, vemos que há apenas oito oficiais superiores; a maior parte era de tenentes e alferes-alunos. O objetivo dessa adesão em massa de jovens oficiais radicais era claro: garantir o *quorum* e uma confortável maioria na sessão seguinte.

No dia 9, à noite, realizou-se a tão aguardada assembléia geral do Clube Militar, a última a ocorrer sob o regime monárquico. Por uma notável coincidência histórica, nessa mesma noite, decorridos 17 dias desde a recepção aos chilenos na Escola Militar, acontecia o grande baile da Ilha Fiscal, promovido pelo Imperador em homenagem aos mesmos visitantes chilenos. Era a maior e mais imponente festa até então realizada pelo Império.

Enquanto a Monarquia comemorava, o ambiente no Clube Militar era de exaltação. A sessão foi presidida por Benjamin Constant, e não contou com a participação de Deodoro, que encontrava-se doente. Conforme registra a ata, Benjamin começou referindo-se aos atos do governo Ouro Preto, que, segundo ele, caracterizavam os "maus intuitos do governo" para com a classe militar. Terminou pedindo

> lhe fossem dados plenos poderes para tirar a classe militar de um estado de coisas incompatível com a sua honra e dignidade; que a isso se comprometia sob a sua palavra de honra, e que desde já poderiam ficar cientes de que, se fosse mal sucedido, resignaria todos os empregos públicos que lhe foram confiados, quebrando até a sua espada.

Apoiado enfaticamente pelos jovens oficiais, Benjamin encerra a sessão dizendo, ainda segundo a ata, que, não sendo os meios legais suficientes para mudar a direção dos acontecimentos,

> estaria pronto para desprezar o que havia de mais sagrado — o amor da família — para ir morrer conosco nas praças públicas, combatendo em prol da pátria que era vítima de verdadeiros abutres, para o que só pedia lhe fossem dados alguns dias para desempenhar-se de tão árdua quanto difícil missão de que foi investido pela classe a que tem a honra de pertencer.

A assembléia encerrou-se, como é fácil imaginar, com o aplauso delirante dos presentes. Mesmo sendo uma assembléia composta quase que exclusivamente pela "mocidade militar", o discurso de Benjamin é dirigido à "classe militar" em geral, e toda a preparação envolvendo a sessão não tem outro objetivo senão o de garantir o apoio simbólico dessa "classe". Simbólico porque, de fato, a assembléia não era representativa do conjunto do Exército. Em nome da "classe militar" estavam reunidos no Clube seus membros menos orientados para a carreira. Incorporar parte da porção mais *troupier* da oficialidade será a principal tarefa nos cinco dias que faltam para o golpe.

Ironia da história, a família de Benjamin lhe reservaria uma surpresa ao voltar para casa, após a sessão. Pelo diário de Bernardina, ficamos sabendo que, enquanto no Clube Militar seu pai conspirava pelo fim do Império, todos em sua casa haviam ido à ponte das barcas ver a iluminação e os convidados que seguiam para... o Baile da Ilha Fiscal! Chegando em casa e não os encontrando, Benjamin foi procurá-los; nesse meio tempo, se desencontraram. Eram 11 horas da noite quando a família retornou. Estavam tão excitados com a festa que resolveram esperar por Benjamin para voltar às barcas e tentar ver a ilha de perto. Bernardina conta que "papai lá indagou se não se podia ir na barca dos convidados para voltar na mesma", mas negaram o pedido dizendo que só com convite; "então papai tratou um escaler a 1$ por pessoa e vimos perfeitamente a ilha, o baile e as pessoas. Chegamos em casa às 3h e tanto da madrugada". Duas semanas mais tarde, mulher e filhas de Benjamin estariam ocupadas em fazer os vestidos para — agora como convidadas de honra — a festa que o governo republicano daria na despedida dos mesmos oficiais chilenos...

Realizada a sessão do Clube Militar, Benjamin Constant e a "mocidade militar" estavam em pé de guerra, bem como o pequeno grupo de oficiais *troupiers* composto por Sólon, Bandeira e Mena Barreto. Para que o movimento não ficasse qualificado como uma simples quartelada, já se havia feito a aproximação com alguns republicanos civis. Para os conspiradores, faltava principalmente confirmar a adesão de Deodoro e tentar ampliar contatos com outros oficiais superiores.

No dia 10, Benjamin foi à casa de Deodoro, que se encontrava bastante doente, informá-lo da sessão do dia anterior no Clube Militar e falar-lhe claramente sobre a necessidade de uma revolução republicana.

Deodoro então perguntou: "E o velho?", referindo-se ao Imperador. Benjamin respondeu que ele seria tratado dignamente. Após nova pausa, Benjamin pediu a Deodoro que aceitasse se colocar à frente do movimento republicano. Deodoro, passado longo tempo e profundamente abatido, teria dito: "Benjamin, já que não há outro remédio, leve a breca a Monarquia; nada há mais que esperar dela, venha a República."

Na tarde do dia seguinte, Benjamin e Sebastião Bandeira foram à casa de Deodoro propor a realização de um encontro com alguns republicanos civis. Deodoro resistia: "E o que temos nós a ver com paisanos?" Convencido Deodoro da necessidade de se dar ao movimento caráter mais amplo que o de uma revolta puramente militar, a reunião realizou-se na noite desse mesmo dia, com a presença dos republicanos civis Quintino Bocaiúva, Aristides Lobo, Rui Barbosa e Francisco Glicério.

Ainda nessa mesma noite, foi assinado o primeiro dos "pactos de sangue" oferecidos a Benjamin Constant. Nos dias seguintes, os conspiradores intensificaram os preparativos para o movimento. Os golpistas imaginavam fossem encontrar uma forte resistência, daí a necessidade que sentiam de contar com um militar importante e respeitado pela tropa, como Deodoro. Enquanto isso, do lado do governo e dos militares que lhe eram teoricamente leais — a maioria —, a paralisia era evidente; se por falta de informação ou de disposição, é difícil precisar. Ouro Preto, na reunião ministerial do dia 12, pedira ao ministro da Guerra que se informasse sobre o que se passava nos quartéis. O ministro tranqüilizou-o, dizendo que naquele mesmo dia o ajudante-general do Exército, Floriano Peixoto, o informara de que tudo corria regularmente.

Sabe-se, no entanto, que no dia 13 Floriano foi chamado por Deodoro, com quem mantinha relações cordiais. Deodoro teria falado do clima de revolta nos quartéis com a política de Ouro Preto, ao que Floriano respondera ainda haver possibilidade de um entendimento com o governo, oferecendo-se para mediar uma conciliação que acalmasse os ânimos. No entanto, diante da afirmação de Deodoro de que não ficaria satisfeito apenas com palavras, que o momento era de ação, Floriano teria dito: "Enfim, se a coisa é contra os casacas, lá tenho ainda a minha espingarda velha." Nesse mesmo dia 13, Floriano escreveu ao ministro da Justiça: "A esta hora deve V. Excia. ter conhecimento de que tramam algo por aí além: não dê importância, tanto quanto seria preciso, confie na lealdade dos chefes, que já estão alertas."

Para a defesa do governo, seria fundamental que Floriano estivesse disposto a dar combate aos revoltosos. Sua real posição nos momentos finais da Monarquia é impossível de se determinar — por passagens como essa e outras é que ele passaria à história como a maior "esfinge" da política brasileira. Não sabemos se

Floriano estava na verdade agindo disfarçadamente a favor dos rebeldes, se estava aguardando uma melhor definição da situação para se posicionar, ou se permanecia leal ao governo, rendendo-se, afinal, ao "império das circunstâncias" — ou seria mais apropriado dizer "à república das circunstâncias"? O fato é que tanto golpistas quanto governo contavam com Floriano a seu lado na hora do combate.

A carta de Floriano mencionando que "se tramava algo" foi encaminhada no dia 14 a Ouro Preto, que tomou diversas providências, ordenando que a Polícia e a Guarda Nacional fossem postas em prontidão até que se descobrisse a verdade sobre o que estava acontecendo. Ao final da tarde, o major Sólon resolveu — ao que parece por conta própria, temendo que o governo abortasse o movimento — espalhar a notícia falsa de que o governo dera ordem de prender Deodoro e Benjamin e boatos de que a 2ª Brigada seria atacada por forças do governo. Essa atitude precipitou os acontecimentos. Durante toda a madrugada, oficiais inferiores dos regimentos de artilharia e cavalaria, além dos alferes-alunos da ESG, rebelados, organizaram a saída das tropas para atacar o governo. Ouro Preto, informado do que se passava, convoca diversas unidades e se refugia com o ministério no Quartel-General do Exército, de onde deveria ser organizada a resistência ao golpe.

Do lado dos golpistas, toda a preparação da tropa para o combate se deu sem a presença de Benjamin e Deodoro, ambos doentes. Ao final da madrugada do dia 15, foram buscar Benjamin em casa, para que comandasse as tropas no deslocamento em direção ao QG. Antes de sair, Benjamin lembrou-se de entregar à mulher os "pactos de sangue", pedindo que ela os queimasse caso o pior acontecesse. A ausência de Deodoro era motivo de preocupação, pois só ele teria ascendência suficiente sobre a tropa — especialmente sobre os batalhões de infantaria da 1ª Brigada, que não estavam com os revoltosos. Tinha-se como certa a impossibilidade física de Deodoro acompanhá-los, dada a gravidade de seu estado de saúde. Para surpresa de todos, no entanto, avisado da movimentação, Deodoro, embora depauperado, levantou-se e foi ao encontro das tropas sublevadas, já em movimento, que passou então a comandar.

Do lado do governo, Ouro Preto tentava inutilmente organizar a resistência. As tropas rebeladas entraram no Campo de Santana no início da manhã. Seriam talvez uns 600 homens, incluindo os três regimentos da 2ª Brigada e os alferes-alunos da ESG. Os alunos da Escola Militar da Praia Vermelha só conseguiram chegar quando a situação já havia se resolvido. Em termos bélicos, era uma tropa extremamente problemática. Os canhões do regimento de artilharia, sem infantaria para defendê-los, dificilmente poderiam entrar em posição de combate. Grande parte dos regimentos de cavalaria seguia a pé e mal municiada. Os alferes-alunos da ESG, formados como tropa de infantaria, não constituíam grande reforço e, apesar de contatos havidos nos últimos dias, não havia ninguém da Marinha marchando com os revoltosos. Além disso, de oficiais superiores comprometidos com a conspiração republicana, havia apenas Benjamin e Sólon. O tenente-coronel Silva Teles, que comandava interinamente a Brigada, aderira à última hora, após haver inutilmente tentado impedir a entrada em forma da unidade. O major Lobo Botelho, comandante do 2º Regimento de Cavalaria, não estava informado do caráter republicano do movimento. Tentara, inutilmente, fazer com que sua unidade desfraldasse a bandeira imperial e respondesse a um viva ao Imperador, ordens prontamente repelidas pelos oficiais inferiores teoricamente sob seu comando. Lobo Botelho acabaria abandonando a coluna revoltosa antes de ela chegar ao Campo de Santana.

A tropa arregimentada pelo governo e disposta no interior ou nas imediações do QG era muito melhor estruturada e diversas vezes maior: seriam talvez umas duas mil pessoas, incluindo batalhões de infantaria, fuzileiros navais, marinheiros, Polícia da Corte e Corpo de Bombeiros. Apesar das repetidas ordens dadas por Ouro Preto nesse sentido, não houve, por parte de Floriano Peixoto, disposição em dar combate. Os revoltosos puderam, assim, posicionar seus canhões em frente ao QG sem que fossem incomodados. Da última vez que ordenou ataque, lembrando a Floriano que no Paraguai os soldados se apoderaram de peças de artilharia em situações muito mais desfavoráveis, Ouro Preto recebeu como resposta: "Mas lá tínhamos em frente inimigos e aqui somos todos brasileiros." Com isso, era claro que não havia mais o que fazer. Ouro Preto reuniu-se com o ministério e capitulou. Deodoro, seguido dos principais militares rebelados, ingressou a cavalo no interior do QG, foi saudado pela tropa e ordenou uma salva de tiros de canhão. Passados alguns instantes, Deodoro entrou na sala em que estava reunido o ministério, seguido de grande número de acompanhantes. A versão de Ouro Preto do que então lhe disse Deodoro é reconhecida por diversas fontes como basicamente correta:

> No meio do mais profundo silêncio, cientificou-me de que se pusera à frente do Exército para vingar as gravíssimas injustiças e ofensas por ele recebidas do governo, as quais enumerou .... Só o Exército, afirmou, sabia sacrificar-se pela pátria e, no entanto, maltratavam-no os homens políticos, que até então haviam dirigido o país, cuidando exclusivamente dos seus interesses pessoais. Apesar de enfermo, não se pudera escusar a dirigir os seus camaradas por não ser homem que recuasse diante de coisa alguma, temendo só a Deus. Aludiu aos seus serviços nos campos de batalha,

> comemorando que pela pátria estivera durante três dias e três noites combatendo no meio de um lodaçal, sacrifício que eu não podia avaliar. Declarou que o ministério estava deposto e que se organizaria outro de acordo com as indicações que iria levar ao Imperador. Disse que todos os ministros podiam retirar-se para suas casas, exceto eu — homem teimosíssimo, mas não tanto como ele (assim se exprimiu) — e o Sr. ministro da Justiça, que ficaríamos presos até sermos deportados para a Europa. Quanto ao Imperador, concluiu, tem a minha dedicação, sou seu amigo, devo-lhe favores. Seus direitos serão respeitados e garantidos.

Os motivos para a falta de reação por parte das tropas do governo podem ser encontrados, em parte, nos longos anos de insatisfação profissional dos militares. Outra parte deve ser creditada à falta de uma liderança disposta a tomar a iniciativa do combate, tão essencial nesses momentos, e cuja ausência rapidamente transforma situações de clara superioridade tática em derrotas completas. A inabilidade de Ouro Preto no trato com os militares também parece ter dado sua parcela de contribuição para a falta de resistência.

O fato é que, naquela manhã de 15 de novembro de 1889, configurou-se uma situação de confronto entre "militares" e "casacas", vencendo a "classe militar". Mas as coisas não aconteceram exatamente no sentido desejado por Benjamin e pelos jovens republicanos. O pronunciamento de Deodoro havia sido o de um militar *troupier*, não o de um republicano — as referências à Guerra do Paraguai e às injustiças sofridas pelo Exército falam por si só. Além disso, ele não falara em mudança de regime ao derrubar o ministério, e sim em entender-se com o Imperador para organizar novo ministério. Há também a versão — negada enfaticamente por todos os partidários de Deodoro — de que ele teria erguido um viva ao Imperador. Menos contestada, entretanto, é a versão de que ele teria reprimido energicamente — com que intenção, também se discute — um viva à República dado por um jovem oficial "científico". De qualquer modo, na tarde do dia 15, embora já deposto o gabinete, republicanos militares e civis ainda estavam inquietos, por não ter sido formalmente instituída a República. Muitos, incluindo Benjamin, seguiram para a casa de Deodoro. Segundo algumas fontes, apenas a notícia de que o Imperador pretendia convocar o arqui-rival Silveira Martins para organizar o novo gabinete o teria decidido pela República; segundo outras, Deodoro só não formalizara que a Monarquia já havia terminado por estar prostrado, em crise de saúde.

O fato é que apenas à noite se formalizou a composição do governo provisório — Deodoro (presidente), Benjamin (Guerra), Quintino Bocaiúva (Relações Exteriores), Rui Barbosa (Fazenda), Aristides Lobo (Interior), Campos Sales (Justiça), Eduardo Wandenkolk

(Marinha) e Demétrio Ribeiro (Agricultura) — e se assinou o primeiro decreto republicano, que dizia, em seu artigo 1º: "Fica proclamada provisoriamente e decretada como forma de governo da Nação Brasileira — A República Federativa." Provisoriamente porque, segundo o artigo 7º, se aguardaria "o pronunciamento definitivo da Nação, livremente expressado pelo sufrágio popular" — plebiscito que só seria realizado 104 anos mais tarde.

## A terra da promissão?

O elemento surpresa e a falta de reação do governo levaram ao sucesso do golpe e desencorajaram possíveis reações contrárias de oficiais leais à Monarquia, se é que estas chegaram a ser pensadas. Não que houvesse um consenso na "classe militar": uma carta do visconde de Pelotas, um dos principais líderes da Questão Militar de 1886-87 a Ouro Preto, de 10 de julho de 1890, é claro exemplo:

> Não julgava possível a República enquanto vivesse o Imperador; e daí a minha surpresa. Se de mim tivesse dependido a sua permanência como chefe da Nação, afirmo que não teria sido deposto. A República teve contra si o haver sido feita por um pronunciamento militar, representado pela quinta parte do Exército. A

Nação foi estranha a esse acontecimento, que aceitou como fato consumado.

Apesar da aparente apatia popular no momento do golpe, não é verdade, ao contrário do que geralmente se afirma, que a Monarquia não tenha encontrado pessoas dispostas a morrer por ela. A grande maioria dos soldados que integraram as tropas golpistas no 15 de novembro, por exemplo, não estava consciente de que se pretendia derrubar a Monarquia; como vimos, nem alguns oficiais o estavam. Participantes involuntários do drama, levados por seus superiores dos quartéis para o Campo de Santana, vários deles logo se arrependeriam do papel que representaram. Um exemplo: pouco mais de um mês após a instauração da República, em 18 de dezembro, estourava uma rebelião de soldados no 2º Regimento de Artilharia, justamente uma das unidades que haviam participado do golpe

Essa revolta seria prontamente reprimida, bem como outras revoltas isoladas contra a República nascente que estouraram em diversos pontos do país, sempre protagonizadas por soldados, em sua quase totalidade pretos ou mulatos. Em Desterro (atual Florianópolis), no dia 18 de novembro, um batalhão se sublevou dando vivas à Monarquia. Alguns soldados revoltosos foram mortos. Já no pequeno destacamento da foz do rio Apa, em Mato Grosso, que recebera o comunicado sobre a proclamação da República apenas no dia 20 de dezembro, alguns soldados deram morras à República e vivas à Monarquia, declarando não aderirem à nova forma de governo porque haviam sido libertados em 13 de maio pela princesa Isabel. O alferes comandante do destacamento mandou prendê-los, mas eles resistiram à prisão e atacaram a guarda do quartel. Um dos revoltosos foi morto e o quartel foi incendiado na madrugada por soldados. Tais notícias já são suficientes para mostrar que havia, sim, militares dispostos a morrer pela Monarquia.

No entanto, muito maior que o número de descontentes e opositores foi a parcela da população que, de um dia para o outro, aderiu ao novo regime e se tornou "convictamente" republicana — a tal ponto que uma crônica de época, feita por um jornalista simpático à República, fala da "aderite que afetou como epidemia a população do Brasil" imediatamente após 15 de novembro.

Este livro encerra-se aqui, no momento em que a "terra da promissão" parecia ter sido alcançada, o futuro tornado presente. A República estava feita e o sucesso do golpe de 1889 proporcionaria aos militares envolvidos benefícios imediatos. Promoções rápidas seriam distribuídas e muitos deles, incluindo vários membros da "mocidade militar", passariam a ocupar posições de grande destaque no novo cenário político. Porém, nos cinco anos de presidentes militares que teria a República nascente, a frágil unidade da "classe militar", forjada com o 15 de Novembro, seria rompida de forma dramática.

Mas esse é tema para outro livro. Podemos terminar com a observação de que o golpe de 1889 inscreveu na história política brasileira a possibilidade de um grupo "esclarecido" de militares tentar "salvar" a Nação, em seu nome, e com a lembrança de Gilberto Freyre, para quem nada é mais expressivo da relatividade dos tempos do que a fácil dissolução dos futuros em passados.

# Cronologia

| | |
|---|---|
| ago 1886<br>mai 1887 | Questão Militar |
| 26.6.1887 | Criação do Clube Militar |
| 4.11.1888 | Protesto de Euclides da Cunha, na Escola Militar |
| 27.12.1888 | Deodoro embarca para Mato Grosso |
| 7.6.1889 | Sobe ao poder o ministério liberal chefiado pelo visconde de Ouro Preto |
| 14.7.1889 | Comemoração do centenário da Queda da Bastilha |
| 13.9.1889 | Deodoro volta à Corte |
| 14.9.1889 | "Incidente Carolino" |
| set-out 1889 | Chegam ao Rio o major Sólon, o capitão Mena Barreto e o tenente Sebastião Bandeira, que atuarão junto a Deodoro |
| 23.10.1889 | Discurso de Benjamin Constant durante recepção oferecida a oficiais chilenos em visita à Escola Militar |

| | |
|---|---|
| 26.10.1889 | Homenagem a Benjamin Constant na Escola Superior de Guerra |
| 9.11.1889 | Assembléia Geral do Clube Militar, concedendo plenos poderes a Benjamin Constant para representá-lo. Baile da Ilha Fiscal |
| 11.11.1889 | Começam a ser assinados os "Pactos de Sangue"; visita de líderes republicanos a Deodoro |
| 15.11.1889 | Golpe republicano ("Proclamação da República") |

# Referências e fontes

Todas as citações e referências feitas no texto foram retiradas de Celso Castro, *Os militares e a República: um estudo sobre cultura e ação política* (Jorge Zahar, 1995).

A frase de Aristides Lobo sobre os "bestializados" encontra-se no *Diário Popular* (SP), 18.11.1889. Os textos completos dos "pactos de sangue", incluindo as assinaturas, saíram publicados em vários livros, como por exemplo Raimundo Teixeira Mendes, *Benjamin Constant. Esboço de uma apreciação sintética da vida e da obra do fundador da República brasileira* (2ª ed., Apostolado Positivista do Brasil, 1913), vol.2, p.211-4. Todas as cartas de José Bevilaqua citadas no texto encontram-se em seu arquivo pessoal, depositado no Museu Casa de Benjamin Constant.

A descrição da vida na Escola Militar da Praia Vermelha durante os 15 anos finais do Império (1874-89) baseia-se principalmente em textos autobiográficos de ex-alunos, em artigos publicados em revistas por eles editadas e em alguns documentos de arquivo. Para as referências completas, ver *Os militares e a República*, principalmente caps.2 e 3. Os artigos de Euclides da

Cunha citados no texto podem ser encontrados em sua *Obra completa* (Aguilar, 1966, 2 vols.) e em *Euclides da Cunha*, organizado por Walnice Nogueira Galvão (Ática, 1984). Para uma biografia de Euclides, ver Sílvio Rabelo, *Euclides da Cunha* (Civilização Brasileira, 1966). Seu primeiro encontro com Ana está descrito nas p.45-6. Para os textos de Lauro Sodré, ver seu livro *Palavras e atos* (Belém, 1896). Para uma biografia de Tasso Fragoso, ver Tristão de Alencar Araripe, *Tasso Fragoso* (Bibliex, 1960).

Para a biografia de Deodoro, ver principalmente Leoncio Correia, *A verdade histórica sobre o 15 de novembro* (Imp. Nac., 1939) e Raimundo Magalhães Júnior, *Deodoro: a espada contra o Império* (Cia. Ed. Nacional, 1957, 2 vols.). A carta de Deodoro a seu sobrinho Clodoaldo está reproduzida em Leoncio Correia, op. cit., p.181-2. Para a biografia de Benjamin Constant, além do livro de Teixeira Mendes acima citado (na verdade, uma obra militante de propaganda do positivismo), foi essencial a consulta a seu arquivo pessoal, depositado no Museu Casa de Benjamin Constant. Para outras fontes, ver *Os militares e a República*, cap.5.

Para as diversas fontes utilizadas na reconstituição da Questão Militar, ver *Os militares e a República*, cap.4; para a história do Clube Militar nos anos finais do Império e da marcha da conspiração militar, os caps.6 e 7. Para a reconstituição quase detetivesca dos passos de Benjamin às vésperas do golpe, foi fundamental o cruzamento de dados localizados em fontes secundárias (como livros e jornais) com documentos de seu arquivo pessoal e com o diário de sua filha Bernardina (também depositado no Museu Casa de Benjamin Constant).

Sobre a história do Partido Republicano no Império, ver George Boehrer, *Da Monarquia à República* (MEC, 1960) e o arquivo de Quintino Bocaiúva, depositado no CPDOC da Fundação Getulio Vargas. Para o ponto de vista dos monarquistas sobre o golpe republicano, ver o livro do visconde de Ouro Preto (Afonso Celso de Assis Figueiredo), *Advento da ditadura militar no Brasil* (Paris, F. Pichon, 1891). A carta do visconde de Pelotas a Ouro Preto encontra-se reproduzida em Francolino Cameu e Artur Vieira Peixoto, *Floriano Peixoto* (Rio, A Noite, 1925), p.41. Sobre as revoltas de soldados contra a República nascente, ver *Os militares e a República*, p.193-4. A matéria de Campos Porto sobre a "epidemia de aderite" está reproduzida em seu livro *Apontamentos para a história da República* (Brasiliense/CNPq, 1990 [ed. orig. 1890]), p.132-4.

# Sugestões de leitura

Este livro é um resumo das idéias desenvolvidas, com muito mais detalhe, em meu livro, *Os militares e a República: um estudo sobre cultura e ação política* (Zahar, 1995, col. Antropologia Social).

Para um estudo sobre as diferentes versões presentes na historiografia sobre a Proclamação da República, ver José Murilo de Carvalho, *A formação das almas. O imaginário da República no Brasil* (Companhia das Letras, 1990), cap.2. Para um panorama social e cultural do período de transição da Monarquia para a República, ver Gilberto Freyre, *Ordem e progresso* (4ª ed., Record, 1990).

Sobre Benjamin Constant, uma pesquisa biográfica bastante cuidadosa foi feita por Renato Luís do Couto Neto e Lemos em seu livro *Benjamin Constant: vida e história* (Topbooks, 1999). Recomendo também uma visita ao Museu Casa de Benjamin Constant, no Rio de Janeiro (rua Monte Alegre 225, Santa Teresa), última residência de Benjamin e onde estão seus arquivos, os de sua família e de José Bevilaqua.

# Sobre o autor

Celso Castro (celso.castro@fgv.br) nasceu no Rio de Janeiro em 1963. Doutor em antropologia social pelo Museu Nacional/UFRJ, é pesquisador e atual diretor do Centro de Pesquisa e Documentação de História Contemporânea do Brasil (CPDOC) da Fundação Getulio Vargas.

Escreveu *O espírito militar: um estudo de antropologia social na Academia Militar das Agulhas Negras* (Zahar, 1990) e *Os militares e a República: um estudo sobre cultura e ação política* (Zahar, 1995). Foi um dos organizadores da série de livros sobre o regime militar que inclui *Visões do golpe*, *Os anos de chumbo*, *A volta aos quartéis* (Relume-Dumará, 1994-95) e *Ernesto Geisel* (Ed. FGV, 1997).

É diretor desta coleção Descobrindo o Brasil, publicada pela Zahar.

**Coleção Descobrindo o Brasil**
*direção: Celso Castro*

A modernização da imprensa (1970-2000)
Alzira Alves de Abreu

O Brasil no império português
Janaina Amado e Luiz Figueiredo

Os intelectuais da educação
Helena Bomeny

A era do rádio
Lia Calabre

A invenção do Exército brasileiro
A proclamação da República
Celso Castro

O Estado Novo
Maria Celina D'Araujo

A belle époque amazônica
Ana Maria Daou

O livro e a leitura no Brasil
Alessandra El Far

O pensamento nacionalista autoritário
Boris Fausto

Os índios antes do Brasil
Carlos Fausto

Os brasileiros e a Segunda Guerra Mundial
Francisco César Ferraz

Rebeliões no Brasil Colônia
Luciano Figueiredo

Palmares, ontem e hoje
Pedro P. Funari e Aline V. Carvalho

A arte rupestre no Brasil
Sambaqui: arqueologia do litoral brasileiro
Madu Gaspar

As formas do espaço brasileiro
Pedro Geiger

Cidadania e direitos do trabalho
Angela de Castro Gomes

Negros e política (1888-1937)
Flávio Gomes

Código Civil e cidadania
Keila Grinberg

Como falam os brasileiros
Yonne Leite e Dinah Callou

Uma viagem com Debret
Valéria Lima

O nascimento da imprensa brasileira
Isabel Lustosa

Escravidão e cidadania no Brasil monárquico
Hebe Maria Mattos

Os evangélicos
Clara Mafra

O sindicalismo brasileiro após 1930
Marcelo Badaró Mattos

O período das Regências (1831-1840)
Marco Morel

Da Bossa Nova à Tropicália
Santuza Cambraia Naves

Arqueologia da Amazônia
Eduardo Góes Neves

História do voto no Brasil
Jairo Nicolau

O Brasil dos imigrantes
Lucia Lippi Oliveira

Política externa brasileira
Leticia Pinheiro

Ditadura militar, esquerdas e sociedade
Daniel Aarão Reis

A Independência do Brasil
Iara Lis C. Souza

Partidos políticos no Brasil (1945-2000)
Rogerio Schmitt

O Império em procissão
Lilia Moritz Schwarcz

Modernismo e música brasileira
Elizabeth Travassos Lins

A fotografia no Império
Pedro Karp Vasquez

Brasil de todos os santos
Ronaldo Vainfas e Juliana Souza